KB102301

쉽게 배우는 AI 프로그래밍

파이썬 프로그래밍
python programming

박상배 · 윤진원 · 변선준 공저

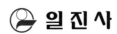 일 진 사

글로벌 시장조사 기업인 이머진 리서치(Emergen Research)에 따르면, 파이썬 (Python) 프로그래밍 언어는 매년 7.8%씩 성장해 2030년에는 시장 규모가 256억 4000만 달러에 이를 것으로 전망하고 있다. 그 이유는 파이썬이 개발자 및 사용자 친화적인 오픈 소스 프로그래밍 언어로 되어 있으며, 높은 호환성을 가지고 있기 때문에 높은 수익성을 이끌고 있기 때문일 것이다.

파이썬은 데이터의 출처 또는 유형에 상관없이 대부분 모든 유형의 수학적, 과학적 모델을 구현하고 개발하는 데 필요한 도구 및 라이브러리를 제공하고 있으며, 배우기 쉬운 직관적 언어 형태로 되어 있다. 그래서 저자 또한 과거 삼성 리서치에서 근무했을 당시에도 파이썬 언어를 많이 사용하였으며 지금도 파이썬 언어를 많은 기업에서 사용하고 있기 때문에 대학에서 학생들에게 파이썬을 이용한 다양한 수업을 진행하고 있다.

본 교재는 파이썬 프로그래밍 언어를 쉽게 배우고 관련 라이브러리와 프레임워크를 알기 쉽게 설명하고자 예제 기반의 파이썬 사용 방법들을 소개하고 있다. 이를 기반으로 학습자들은 다양한 프로젝트 및 산업 환경에서 파이썬 프로그래밍 언어를 이용하여 개발을 진행할 수 있도록 초점을 맞추었다.

1부 파이썬을 시작하기에 앞서 소프트웨어가 무엇인지 소개하고 인터프리터 언어와 컴파일러 언어의 차이를 기술하였다.

2부 파이썬을 시작하기 위한 Tool 설치 방법과 파이썬 언어에 대한 장단점을 서술하였다.

3부 파이썬 프로그램의 기초 과정을 수록하였다.

4부 기초 과정 기반으로 파이썬 프로그래밍 중급 과정을 다루었다. 중급 과정까지 학습을 진행하였다면 다양한 프로젝트를 여러 개발자들과 함께 진행할 수 있을 것이다.

5부 고급 과정으로 중급 과정에서 다루지 않았던 프로그램 다중처리, GUI 프로그래밍, 파이썬 라이브러리 및 패키지 사용 방법을 다루고 있어 한층 더 높은 레벨의 프로그래밍 기법을 소개하였다.

본 교재를 통해 파이썬 프로그래밍 언어를 이해하고, 파이썬에서 제공하는 라이브러리와 추가 패키지들을 활용하여 다양한 플랫폼들을 개발할 수 있는 능력을 키우는 데 도움이 되길 바란다. 그리고 현재의 나를 생각하기보다는 미래의 자신을 생각하며 세상을 변화시킬 수 있는 엔지니어 전문가로 거듭나길 기원하겠다.

저자 일동

차례

차례

제 **1** 부

파이썬(Python) 시작하기

〈그림자료 : https://dintree.com/lang/〉

단원소개

전 세계 IT 기업 및 제조/서비스 기업들은 산업 형태의 융합과 혁신 성장을 위해 소프트웨어(SW, Software)를 핵심축으로 하는 디지털 전환을 시도하고 있다. 많은 기업은 SW 기반의 자동화된 환경을 구축하여 생산성 및 효율성을 극대화할 수 있을 것으로 기대하고 이에 대한 투자를 적극적으로 검토하고 있다.

이 단원에서는 소프트웨어와 프로그래밍 언어에 대해 살펴보고 직관적인 구조와 뛰어난 확장성 때문에 큰 인기를 얻고 있는 파이썬 언어에 대해 살펴본다. 그리고 왜 파이썬을 개발자들이 많이 선택하는지 파이썬의 호환성을 알아본다.

# 제 1 장

소프트웨어의 개념과 이해

🔍 학습 목표
1. 하드웨어와 소프트웨어의 차이를 이해하고 소프트웨어의 개념과 프로그램이 무엇인지 설명할 수 있다.
2. 인터프리터 언어와 컴파일 언어의 특징을 이해하고 장단점을 설명할 수 있다.
3. 파이썬 프로그래밍 언어의 특징을 이해하고, 파이썬 언어를 이용한 활용 분야를 설명할 수 있다.

1-1 소프트웨어(Software)

1 소프트웨어의 개념과 특징

우리의 삶 속에서 소프트웨어는 여러 곳에서 사용되고 있다. 또한 소프트웨어의 중요도는 시간이 지날수록 더욱 강조되고 있다. 그래서 요즘에는 초등학생들에게도 소프트웨어 교육을 배우게 하여 논리적인 사고를 키워주려 하고 있다. 그리고 많은 기업에서는 입사 시험에 프로그램 능력을 평가하여 입사 자격을 부여하는 경우도 있다. 그 대표적인 회사가 삼성전자이다. 또한, 학교와 같은 많은 교육장에서 문제 해결 능력과 과학적 사고를 키우기 위해 소프트웨어 구현 및 소프트웨어 교육을 진행하고 있다. 이런 소프트웨어를 우리는 다음과 같이 정의할 수 있다.

컴퓨터 하드웨어에서 실행되는 프로그램 또는 응용 프로그램(Application)이 소프트웨어이다. 소프트웨어의 사전적 의미는 컴퓨터 시스템(Computer System) 및 모바일 시스템(Mobile System) 등을 효율적으로 운영하고 제어하기 위해 개발된 프로그램의 총칭이며 컴퓨터를 관리하는 System Software와 문제 해결에 이용되는 다양한 형태의 응용 소프트웨어가 있다. 그 예로 우리가 사용하고 있는 핸드폰의 앱(App.)이 스마트폰에서 실행되는 프로그램이다. 즉, 소프트웨어는 프로그래밍 언어의 도구에 불과하며 원하는 작업을 처리하는 것을 목적으로 구현 및 개발된다. 소프트웨어는 크게 다음과 같이 4가지의 특징으로 분류해 볼 수 있다.

(1) 복잡성(Complexity)

자동화하려는 대상이 물리적이거나 소프트웨어적으로 복잡할 뿐만 아니라 수많은 내부요소로 융합되고 이루어져 상호작용이 많고 복잡하다.

(2) 순응성(Conformity)

사용자의 요구나 외부적 환경, 입출력 데이터에 따라서 적절하게 변형된다.

(3) 가변성(Changeability)

문자나 그래픽 형태의 언어로 구성된 프로그램이기 때문에 하드웨어 구성 대비 쉽게 변경할 수 있고, 개발 과정에서 자주 변경된다. 하지만 융합된 요소가 많고 규모가 큰 프로젝트라면 간단한 수정이라도 관련된 요소를 순차적으로 변경해야 하므로 어려운 작업이 될 수 있다.

(4) 비가시성(Invisibility)

프로그램의 구조가 코드 안에 숨어 있어서 프로젝트 내용이 쉽게 드러나지 않는다.

그림 I-1　하드웨어와 소프트웨어의 차이

2　소프트웨어의 종류

소프트웨어는 개발자의 의도에 따라 다양한 종류와 형태로 나눌 수 있으며 요즘은 융합된 요소가 많아져 종류를 분류하기는 쉽지 않다. 하지만 크게 3종류로 설명하면 다음과 같이 설명할 수 있다.

(1) 주문형 소프트웨어

특정 고객층의 수요를 만족하기 위해 개발된 소프트웨어로써 관련이 없는 다른 사용자에게는 불필요한 소프트웨어가 된다. 사용자가 의뢰 당시에 해당 용도 및 환경 등에 맞게 개발자에게 개발을 의뢰하고 설계하여 제작하기 때문에 다른 사용자들에게는 불필요하다.

(2) 패키지형 소프트웨어

공개된 시장에 판매하기 위한 SW로 범용 컴퓨터에서 실행되어 기능을 수행하는 소프트웨어이다. 즉, 모든 것이 시장의 요구에 의하여 개발되며, 범용으로 사용되기 위해 만들어지기 때문에 특정 기관의 용도에 맞지 않을 수 있다. 이런 SW를 COTS(Commerial Off-The-Self) 소프트웨어라고 부르기도 한다.

(3) 임베디드 소프트웨어

하드웨어 시스템에 내장되어 결합되는 소프트웨어를 펌웨어(Firmware)라고 하는데 일반적으로 소프트웨어와 유사하지만 개발 방법과 프로세스가 달라 별도의 엔지니어가 존재한다.

1-2 프로그램과 프로그래밍 언어의 이해

1 프로그램(Program)과 프로그래밍(Programming)이란?

프로그램이란 컴퓨터 하드웨어가 수행할 일련의 작업을 기술하고 있는 명령어의 모임이라고 설명될 수 있다. 여기서 명령어란 컴퓨터가 처리할 수 있는 기본적 연산을 나타내는 기계 수준의 명령어들이다. 그 예로 프로그램 흐름제어, 자료의 이동, 논리 산술연산, 입출력 등의 명령 및 CPU가 처리할 수 있는 2진 코드 등이 명령어에 속한다. 프로그래밍(Programming)은 프로그램을 작성하는 일 또는 그 과정을 의미한다.

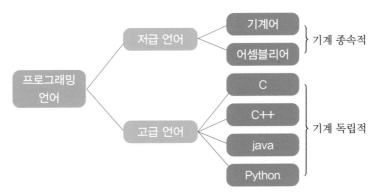

그림 I-2 프로그래밍 언어의 구성

　　프로그래밍 언어에는 크게 저급 언어와 고급 언어로 나눌 수 있으며 저급 언어에는 기계어,
어셈블리어 등이 있다. 고급 언어에는 C언어, C++, Java, Python 등의 언어가 이에 속한다.
우리가 사용할 언어는 Python 언어이기 때문에 고급 언어에 속한다.

2 프로그래밍 언어(Programming Language)의 분류

　　프로그래밍 언어를 처리 수준에 따라 고급 언어, 저급 언어로 분류하면 다음과 같은 특징을
갖는다.

(1) 저급 언어(Low-level Language)의 특징

① 저급 언어에는 기계어(Machine Language)와 어셈블리어(Assembly Language)가 있
　으며 기계 종속적(Machine-dependent) 언어라고 한다.
- 기계어는 다음과 같은 특징을 갖고 있다.
　ⓐ '0'과 '1'로 구성(2진수)된 CPU 명령어로 구성되어 있다.
　ⓑ 컴퓨터의 CPU는 본질적으로 기계어만 처리 가능하다.
　ⓒ 2진수로 표현되므로 사람이 사용하기에 매우 불편하고 실수가 발생하기 쉽다.
- 어셈블리어는 다음과 같은 특징을 갖고 있다.
　ⓐ 기계의 명령을 ADD, SUB, MOVE 등과 같은 상징적인 니모닉 기호(Mnemonic Symbol)
　　로 일대일로 대응시킨 언어이다.
　ⓑ 어셈블러는 어셈블리어 프로그램을 기계어 코드로 변환한 형태이다.

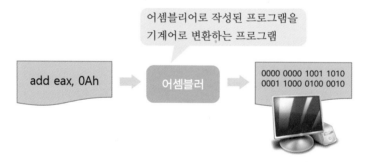

그림 I-3　어셈블리어 프로그램

② 저급 언어의 기계 종속어는 다음과 같은 특징이 있다.
　ⓐ 기계어, 어셈블리어가 이에 속한다.
　ⓑ CPU가 어떻게 동작하는지를 잘 이해해야 프로그램을 작성할 수 있다.
　ⓒ CPU의 종류가 달라지면 프로그램을 다시 작성해야 한다.

(2) 고급 언어(High-level Language)의 특징

① 고급 언어에는 사람이 이해하기 쉽고 복잡한 작업, 자료 구조, 알고리즘을 표현하기 위해 고안된 언어이다. 그리고 컴파일러는 고급 언어로 작성된 프로그램을 기계어 코드로 변환하는 역할을 한다. 즉, 컴파일러를 통해 개발자가 개발한 코드를 기계어로 변환할 때 컴파일러를 사용하여 기계가 알 수 있는 언어로 바꾸어 준다.

② 고급 언어는 기계 독립적(Machine-independent) 언어들을 말하며 CPU의 종류나 하드웨어의 특성에 얽매이지 않고 프로그램을 작성할 수 있다. 이런 고급 언어에는 기계어로 변환하기 위해 컴파일러 또는 인터프리터를 사용하여 기계가 알 수 있는 형태로 변환하게 된다.

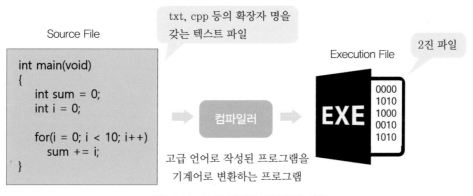

그림 I-4 고급 언어의 컴파일러 사용

1-3 컴파일러와 인터프리터의 특징

프로그래밍 언어는 우리가 작성한 소스 코드(Source Code)를 컴퓨터가 이해할 수 있는 기계어로 번역되는 과정을 수행하게 된다. 이 과정은 프로그래밍 언어에 따라 컴파일러(Compiler) 과정을 수행하는 언어와 인터프리터(Interpreter) 과정을 수행하는 언어로 나눌 수 있다.

1 컴파일 언어란?

컴파일 언어(Compile Language)는 프로그래머가 작성한 소스 코드(원시 코드)를 모두 기계어로 변환한 후에 디바이스(JVM 같은 가상 머신)에 넣고 기계어 코드를 실행한다. 소스 코드를 기계어로 변환하는 빌드 과정에서는 인터프리터 언어에 비해 시간이 소요되는 단점이 있다. 하지만 런타임(Runtime) 상황에서는 이미 기계어로 모든 소스 코드가 변환되어 있기 때문에 빠르게 실행할 수 있는 장점을 가지고 있다. 대표적인 언어로 C, C++가 있다.

2 인터프리터 언어란?

인터프리터 언어(Interpreter Language)는 프로그래머가 작성한 소스 코드(원시 코드)를 기계어로 변환하는 과정 없이 한줄 한줄 해석하여 명령어를 실행하는 언어를 말한다. R, Python, Ruby와 같은 언어들이 대표적인 인터프리터 언어이다. 인터프리터가 직접 한 줄씩 읽고 따로 기계어로 변환하지 않기 때문에 빌드 시간이 거의 발생하지 않는다. 런타임 (Runtime) 상황에서는 한 줄씩 실시간으로 읽어서 실행하기 때문에 컴파일 언어에 비해 속도가 느린 단점을 가지고 있다. 반면, 실행속도는 느리지만 코드 변경 시 빌드 과정 없이 바로 실행이 가능하다는 장점이 있다.

3 빌드 과정이란?

빌드(Build)는 소스 코드 파일(Source File)을 실행파일로 생성하는 과정으로 컴파일(Compile)과 링크(Link)를 합쳐서 부르는 용어이다. 즉, 고급 언어를 빌드하면 저급 언어(기계어)로 변환하는 과정을 거친 후 실행 파일로 생성된다. 일반적으로 컴파일의 결과는 '.exe' 파일로 나타나는데, 어셈블리어로 작성한 asm 파일의 경우에는 컴파일의 결과가 exe 파일이 아닌 obj 파일이다. 이때, obj 파일들을 연결해서 하나의 exe 파일을 만드는 작업을 링크라고 부르고, 이 동작을 수행하는 프로그램을 링커라고 한다.

이렇게 각각의 컴파일과 링크 작업으로 생성되는 최종 실행 파일(.exe file)의 생성 작업을 총칭해서 빌드라고 한다. 반면, 인터프리터 언어는 빌드 과정 없이 바로 고급 언어에서 한줄씩 읽어서 실행한다.

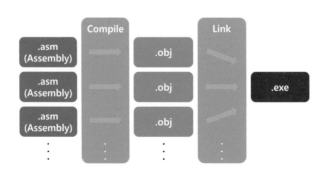

그림 I-5   어셈 빌드 과정

4 컴파일러 과정과 인터프리터 과정의 특징

컴파일러는 실행 이전에 전체 코드를 한번에 기계어로 번역하는 과정을 수행한다. 그 결과 오프젝트 파일을 생성하게 된다. 컴파일러의 특징으로는 실행 전에 컴파일러에 의해 생성된 오브젝트 파일을 이용해서 프로그램을 실행하기 때문에 실행 속도가 빠른 장점을 가지고 있다. 그러나 에러(Error)가 한곳이라고 있으면 컴파일에 실패하여 프로그램을 실행시킬 수 없다. 반면에 인터프리터는 실행 이후에 한 줄씩 번역되기 때문에 오브젝트 파일을 생성하지 않는다. 인터프리터의 특징으로는 실행할 때마다 한 줄씩 번역을 진행하기 때문에 컴파일 언어에 비해 실행 속도가 느리다. 하지만 프로그램 어딘가에 에러(Error)가 있더라도 실행이 가능하다. 그래서 한 줄씩 코드가 명령하는 바를 수행하다가 에러를 만나면 멈추게 된다.

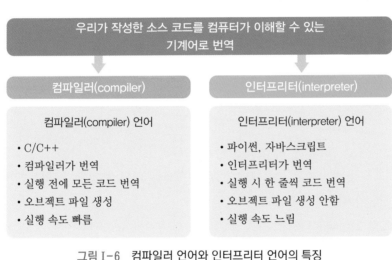

그림 I-6 컴파일러 언어와 인터프리터 언어의 특징

제 2 장
파이썬 프로그래밍의 이해

🔍 학습 목표 1. 파이썬 프로그래밍 언어의 특징을 이해하고 서비스 산업과 제조 산업에서 어떻게 활용되는지 설명할 수 있다.
2. 파이썬이 다른 프로그래밍 언어와 호환성이 높은 이유를 설명할 수 있다.

2-1 파이썬 소개

　파이썬(Python)은 1991년 암스테르담의 귀도 반 로섬(Guido Van Rossum)이 개발한 인터프리터 언어이다. 귀도는 파이썬이라는 이름을 자신이 좋아하는 코미디 쇼인 "몬티 파이썬의 날아다니는 서커스"(Monty Python's Flying Circus)에서 따왔다고 한다. 인터프리터 언어란 한 줄씩 코드를 해석해서 그때그때 실행해 결과를 바로 확인할 수 있는 언어를 말한다. 파이썬의 사전적 의미는 다음과 같다.

　고대 신화에 나오는 파르나소스 산의 동굴에 살던 큰 뱀을 뜻한다. 아폴로 신이 델파이에서 파이썬을 퇴치했다는 이야기가 전해지고 있다. 그래서 대부분의 파이썬 서적의 책 표지 아이콘이 뱀 모양으로 그려져 있는 이유가 여기에 있다.

그림 I-7 파이썬(Python) 아이콘

2-2 파이썬 프로그래밍 언어의 특징

파이썬(Python)은 컴퓨터 프로그래밍 교육을 위해 많이 사용하지만, 기업의 실무를 위해서도 많이 사용하는 언어이다. 구글에서 만든 소프트웨어의 50% 이상이 파이썬으로 작성되며, 온라인 사진 공유 서비스 인스타그램(Instagram), 파일 동기화 서비스 드롭박스(Dropbox) 등이 Python으로 작성되고 있다. 그리고 파이썬 프로그램은 공동 작업과 유지 보수가 매우 쉽고 편하여 이미 다른 언어로 작성된 많은 프로그램과 모듈이 파이썬으로 재구성되고 있다.

파이썬 언어의 특징은 다음과 같다.

(1) 파이썬은 인간다운 언어이다.

사람이 생각하는 방식을 그대로 표현할 수 있는 언어이며, 프로그래머는 굳이 컴퓨터의 사고 체계에 맞추어서 프로그래밍을 하려고 애쓸 필요가 없다.

(2) 파이썬은 문법이 쉬워 빠르게 배울 수 있다.

문법 자체가 아주 쉽고 간결하며, 사람의 사고 체계와 매우 닮아 있다.

(3) 파이썬은 무료이지만 강력하다.

오픈 소스인 파이썬은 무료이며, 사용료 걱정 없이 언제 어디서든 파이썬을 다운로드하여 사용할 수 있다.

> 참고 **오픈 소스(Open Source)** : 저작권자가 소스 코드를 공개하여 누구나 별다른 제한 없이 자유롭게 사용·복제·배포·수정할 수 있는 소프트웨어이다.

(4) 파이썬은 간결하다.

귀도는 파이썬을 의도적으로 간결하게 만들었다. 다른 사람이 작업한 소스 코드도 한눈에 들어와 이해하기 쉽기 때문에 공동 작업과 유지 보수가 아주 쉽고 편하다.

(5) 파이썬은 개발 속도가 빠르다.

"Life is too short, You need python." (인생은 너무 짧으니 파이썬이 필요해.)
라는 말이 있을 정도로 파이썬의 엄청나게 빠른 개발 속도를 두고 유행처럼 퍼진 말이다.

2-3 파이썬 언어의 활용 및 호환성

파이썬(Python)을 사용하면 다음과 같이 다양한 작업을 빠른 시간 안에 수행할 수 있다.

(1) 시스템 유틸리티 제작

운영체제(윈도우, 리눅스 등)의 시스템 명령어를 사용할 수 있는 각종 도구를 갖추고 있기 때문에 이를 바탕으로 갖가지 시스템 유틸리티를 만드는 데 유리하다.

(2) GUI 프로그래밍

GUI(Graphical User Interface) 프로그래밍을 위한 도구들이 잘 갖추어져 있어 GUI 프로그램을 만들기 쉽다.

(3) C/C++와의 결합

① 파이썬은 접착(Glue) 언어라고도 부르는데, 그 이유는 다른 언어와 잘 어울려 결합해서 사용할 수 있기 때문이다.

② C/C++로 만든 프로그램을 파이썬에서 사용할 수 있으며, 파이썬으로 만든 프로그램을 C/C++ 에서 사용할 수 있다.

(4) 웹 프로그래밍

파이썬은 웹 프로그램을 만들기에 매우 적합한 도구이며, 실제로 파이썬으로 제작한 웹 사이트는 셀 수 없을 정도로 많다.

(5) 수치 연산 프로그래밍

수치가 복잡하고 연산이 많다면 'C' 같은 언어로 하는 것이 더 빠르지만, 파이썬은 'Numpy'라는 수치 연산 모듈을 제공하여 수치 연산을 빠르게 할 수 있다.

(6) 데이터베이스 프로그래밍

사이베이스(Sybase), 인포믹스(Infomix), 오라클(Oracle), 마이에스큐엘(MySQL), 포스트그레스큐엘(PostgreSQL) 등의 데이터베이스에 접근하기 위한 도구를 제공한다.

(7) 데이터 분석, 사물 인터넷, 인공지능 학습, 이미지 프로세싱 등

① 파이썬으로 만든 판다스(Pandas) 모듈을 사용하면 데이터 분석을 더 쉽고 효과적으로 할 수 있다.

② 사물 인터넷(IoT) 분야에서도 파이썬은 활용도가 높다.

③ 라즈베리파이를 사용하면 홈시어터나 작은 게임기 등 여러 가지 재미있는 것들을 만들 수 있는데, 파이썬은 라즈베리파이를 제어하는 도구로 사용된다.

④ 텐서플로(TensorFlow) 모듈을 사용하면 인공지능 학습을 더 쉽고 효과적으로 할 수 있다.

⑤ OpenCV 모듈을 사용하면 이미지 프로세싱을 효과적으로 할 수 있다.

연습 문제

1. 소프트웨어의 정의를 서술하시오.

2. 프로그램과 프로그래밍의 차이를 서술하시오.

3. 컴파일러와 인터프리터의 차이를 서술하고 장점을 논하시오.

4. 컴파일러 언어 대비 파이썬 언어의 특징을 서술하시오.

5. 파이썬 언어의 활용 분야를 서술하시오.

## 제 2 부

파이썬 및 파이참
환경 구성 및 설치

<그림자료 : https://www.everdevel.com/Python/intro/>

단원소개

　　파이썬 언어는 글로벌 시장에서 가장 많이 사용하는 언어 중 3위 안에 드는 언어이다.[1] 그래서 개발자가 아닌 비전공자 및 문과생도 파이썬을 배우고 있으며, 파이썬을 활용하여 자신만의 프로젝트를 쉽고 빠르게 구현하고 있다. 이 단원에서는 비전공자도 파이썬을 쉽게 설치하고 파이썬(Python)을 파이참(PyCharm) 툴과 연결하여 쉽게 프로그래밍을 즐길 수 있도록 설치 방법과 툴의 사용법을 소개하고 있다.

1　TIOBE Index(https://www.tiobe.com/tiobe-index/) : 글로벌 프로그래밍 언어 순위 및 프로그래밍 언어 점유율 순위를 통계 지수로 표현하여 제공

제 1 장

파이썬 설치 및 실행

🔍 학습 목표
1. 파이썬 설치 방법을 파악하고 설치 방법에 대해 설명할 수 있다.
2. IDLE 환경에서 간단한 파이썬 프로그램을 실행할 수 있다.

1-1 파이썬 설치 방법

1 파이썬 다운로드 홈페이지 : http://www.python.org/downloads/

① 자신의 운영체제에 맞게 버전을 선택하여 설치한다.
- 지원 가능한 OS : Windows, Linux/UNIX, Mac OS X, Other

② 개발자는 파이썬 버전에 따라 선택하여 설치 가능하다.

③ 파이썬 버전은 Python 2.x, Python 3.x 버전이 있으며 Python 2.x 버전은 더 이상 Update를 지원하지 않기 때문에 Python 3.x 버전 설치를 권장한다.

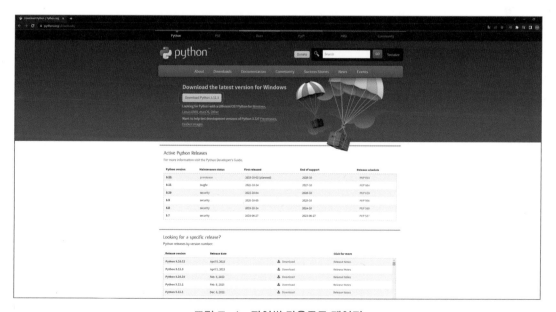

그림 Ⅱ-1 파이썬 다운로드 페이지

④ Python 3.x의 'x'는 Update 됨에 따라 변할 수 있기 때문에 본 내용의 버전과 다를 수 있으며, 최신 버전 또는 개발자가 설치 버전을 선택하여 설치한다.

⑤ 자신의 컴퓨터 OS가 64bit 지원 컴퓨터인지, 32bit 지원 컴퓨터인지 확인하고 지원 비트에 맞게 다운로드를 진행한다.

⑥ 그림 Ⅱ-1에서 빨간색으로 표시된 부분은 Windows 버전에서 설치할 수 있는 파이썬 최신 버전 설치 버튼이다. 만약, Ubuntu와 같은 리눅스 버전을 설치하고 싶다면 'Linux/UNIX'를 클릭한 후, 여러 버전들 중 하나를 선택하여 설치하면 된다.

2 Windows 환경에서 파이썬(Python) 설치 방법

(1) 파이썬 설치 단계

[단계 1] 다운로드가 완료된 Python 설치 파일(python-3.11.3-amd64.exe)을 실행

[단계 2] 설치 시 PATH 등록을 위해 'Add Python 3.11 to PATH' 체크(선택)

[단계 3] 'Install Now'를 선택하여 설치 진행

 • 'Install Now' 실행 후, 'Setup Progress' 창이 뜨면서 설치가 진행된다.

그림 Ⅱ-2 파이썬 설치 시작

[단계 4] 설치가 완료되면 그림 Ⅱ-3의 설치 창을 볼 수 있으며, 'Close' 버튼을 선택하여 설치를 완료한다.

- 'Disable path length limit' 버튼을 선택하여 경로 제한 길이를 해제할 수 있기 때문에 원하는 경우를 선택한 후, 'Close' 버튼을 누른다.

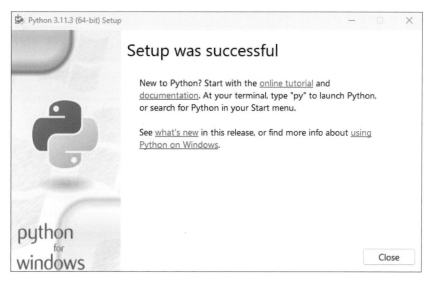

그림 Ⅱ-3 Python 설치 완료

(2) 설치된 파이썬 Version을 Command 창에서 확인하기

[단계 1] 윈도우 작업 표시줄에 있는 검색 공간에 'cmd' 하고 입력하면 명령 프롬프트 (Command Prompt) 창을 확인할 수 있으며, 검색된 아이콘을 선택한다.

[단계 2] 열린 창에서 Python의 설치 및 버전을 확인하기 위해 '—version' 명령어를 입력한다.

- 그림 Ⅱ-4의 빨간색 첫 번째 줄에 입력한 내용처럼, 명령어 실행 라인에 'python --version'을 입력 후 'Enter'를 입력한다.
- 'Enter'를 입력하면 그림 Ⅱ-4에서 보는 것과 같이, 여러분이 설치한 파이썬 버전을 확인 할 수 있다.

그림 Ⅱ-4 Python 설치 버전 확인하기

1-2 IDLE 환경에서 파이썬 실행하기

(1) Command 창에서 Python 언어를 통해 'Hello World' 출력하기

[단계 1] 그림 II-5에서 보는 것과 같이, Command 창에서 명령어 줄에 'python'을 입력한다.

- 'python'을 입력 후, Command 창에는 파이썬 설치 버전과 정보 등을 확인할 수 있다.

[단계 2] 'Hello World'를 출력하기 위하여 파이썬 출력 함수인 print( ) 문을 활용하여 'print("Hello World")'를 입력한다.

- 입력이 완료되면 그림 II-5에서 보는 것과 같이, 'Hello World'가 출력된다.

```
Microsoft Windows [Version 10.0.22621.1105]
(c) Microsoft Corporation. All rights reserved.

C:\Users\Jin>python --version
Python 3.11.3

C:\Users\Jin>python
Python 3.11.3 (tags/v3.11.3:f3909b8, Apr  4 2023, 23:49:59) [MSC v.1934 64 bit (AMD64)] on win32
Type "help", "copyright", "credits" or "license" for more information.
>>> print("Hello World")
Hello World
>>>
```

그림 II-5 Command 창에서 파이썬 실행하기

(2) IDLE 환경에서 Python 언어를 통해 'Hello World' 출력하기

[단계 1] 시작 메뉴를 확인해 보면 그림 II-6에서 보는 것과 같이 설치된 Python을 확인할 수 있으며, 'IDLE (Python 3.11 64-bit)'를 선택한다.

그림 II-6 IDLE 환경에서의 파이썬 실행

● 설치된 버전에 따라 버전의 숫자는 다를 수 있으며, 저자는 '3.11' 버전을 설치하였기에 'Python 3.11-bit'를 확인할 수 있다.

[단계 2] 'IDLE (Python 3.11 64-bit)' 탭을 실행하면 그림 II-7에서 보는 것과 같이 'IDLE Shell 3.11.5' 창이 실행된다.

● 내부 내용을 살펴보면, 파이썬 설치 버전과 정보 등을 확인할 수 있다.

[단계 3] 'IDLE Shell' 창에 'Hello World' 출력하기 위하여 파이썬 출력 함수인 print 문을 활용하여 'print("Hello World")를 입력한다.

● 입력이 완료되면 그림 II-7에서 보는 것과 같이, 'Hello World'가 출력된다.

● 파이썬 Shell 실행 : 셸 실행 → print ("Hello World!") 입력 → Hello World! 출력

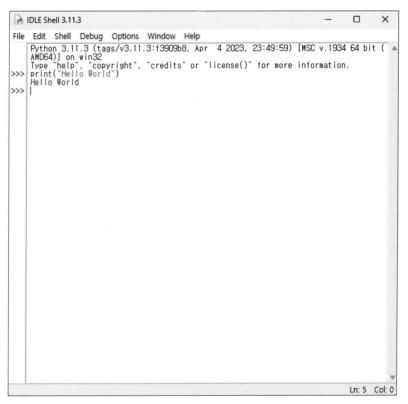

그림 II-7   IDLE Shell에서 파이썬 실행하기

제 2 장

파이참 Tool 설치 및 사용 방법

> 🔍 학습 목표
> 1. 파이참 설치 방법을 파악하고 Tool의 환경 설정을 할 수 있다.
> 2. 파이참 Tool과 파이썬을 연결하여 파이썬 프로그램을 실행할 수 있다.

2-1 Windows OS 환경에서 파이참 설치 및 실행

1 파이참(PyCharm) 다운로드 방법

(1) 파이참 홈페이지에서 커뮤니티(Community) 버전 다운로드

   : http://www.jetbrains.com/pycharm/download/#section=windows

파이참은 그림 Ⅱ-8에서 보는 것과 같이, 프로페셔널(Professional) 버전과 커뮤니티(Community) 버전이 존재(커뮤니티 버전은 무료)한다.

① 홈페이지의 내용은 홈페이지 업데이트에 기간에 따라 다를 수 있으며, 설치자는 커뮤니티(Community) 버전을 찾아 설치하면 된다.
② 지원 가능한 OS는 Windows, Linux, Mac이며, 자신의 운영체제에 맞게 각 OS 탭을 선택한 후, 커뮤니티 버전을 설치한다.
③ 시스템 요구사항은 다음과 같다.
    ⓐ 64비트 버전의 Microsoft Windows 10, 8, 7(SP1) 이상 권장
    ⓑ 최소 4GB RAM 이상 권장
    ⓒ 1.5GB 하드 디스크 공간 & 캐시의 경우 1GB 이상 권장
    ⓓ 최소 1024×768 화면의 해상도 권장
    ⓔ Python 2.7 또는 Python 3.5 이상 권장

그림 Ⅱ-8   파이참 다운로드 페이지

2-2 ## 파이참 설치 및 파이썬 연동 방법

(1) 파이참(PyCharm) 설치 방법

[단계 1]   파이참 설치 파일(pycharm-community-2023.1.2) 실행 후, 'Next' 버튼을 클릭한다.

그림 Ⅱ-9   파이참 설치 시작

[단계 2]   설치 경로를 변경하려면 'Browse…' 버튼을 클릭하여 변경하고 별다른 변경이 없다면 'Next' 버튼을 클릭한다.

● 저자는 설치 경로 변경 없이 기본으로 설정된 설치 경로를 사용하였다(다른 경로로 설정 변경 가능).

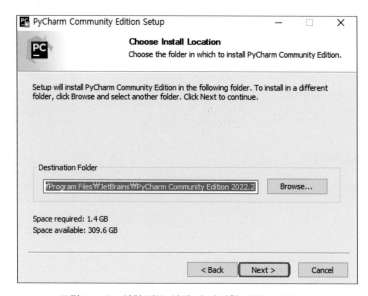

그림 Ⅱ-10   설치 경로 설정 및 파이참 설치 2단계 과정

[단계 3]   설치 옵션(Installation Options) 선택 후, 'Next' 버튼을 클릭한다.

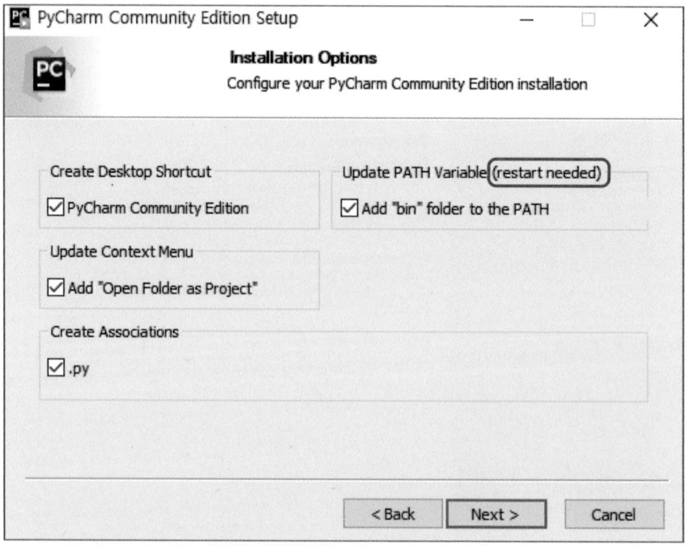

그림 Ⅱ-11   설치 옵션 선택

- 아래 표의 옵션들 중에 3번 항목은 필수 선택하는 것을 권장한다.

	옵션 내용	설명
1	Create Desktop Shortcut	파이참 바로가기를 생성한다.
2	Update Context Menu	파이썬 파일, 디렉터리를 포함한 임의의 어떤 폴더를 연결 프로그램 선택에서 파이참으로 실행할 수 있도록 해준다.
3	Update PATH Variable (restart needed)	명령 프롬프트에서 파이참에 접근할 수 있도록 해준다.
4	Create Association(.py)	파이참에서 .py 파일을 오픈할 수 있도록 해준다.

[단계 4] 옵션 선택 완료 후, Next를 선택한다.

- Update PATH Variable : 이 옵션은 Pycharm을 설치할 때 해당 기능에 체크하여 Pycharm을 환경변수에 등록하고 윈도우 어디에서나 호출해서 사용할 수 있다. 'PATH' 는 시스템 환경 변수라고 부르며 윈도우에서 프로그램을 실행하고자 할 때 검색하는 경로를 의미한다. 그림 Ⅱ-12는 윈도우 OS에 자동으로 설정된 시스템 변수 내용이다. 자동으로 설정되기 때문에 설치 시 추가적으로 설정할 필요는 없다. 윈도우 'PATH' 는 '%변수명%' 으로 설정 가능하며, 그림 Ⅱ-12에서 보는 것과 같이 환경 변수 '%SystemRoot%'은 C드라이브의 WINDOWS 폴더를 의미하도록 윈도우 자체적으로 지정할 수 있는 방법이다.

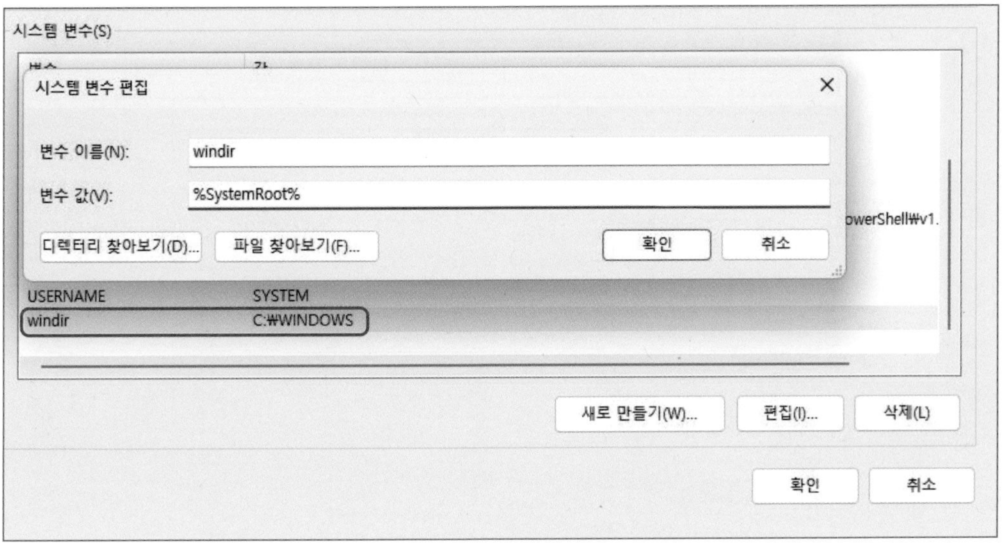

그림 Ⅱ-12 시스템 환경 변수 확인 결과

● Update Context Menu : Add "Open Folder as Project" 란에 체크를 하는 이유는 어떤 코드가 담긴 프로젝트를 열 때 번거롭게 '.py' 파일을 하나씩 여는 방법이 아닌 코드가 담겨있는 폴더를 마우스 오른쪽을 클릭한 후, 아래 버튼으로 한 번에 프로젝트들을 불러올 수 있게 하는 기능을 사용하기 위함이다.

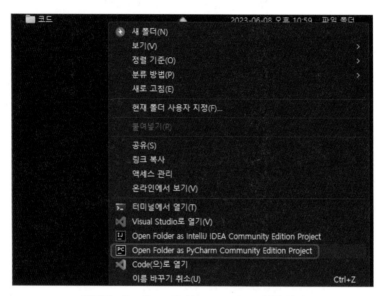

그림 Ⅱ-13   Open Folder as Project 설정 결과

[단계 5] 'Choose Start Menu Folder' 창에서는 'JetBrains'로 설정하고, 'Install' 버튼을 클릭 → 'Install' 완료 후 'Next' 버튼을 클릭한다.

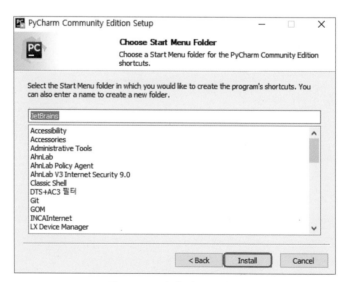

그림 Ⅱ-14   시작 메뉴 폴더 선택

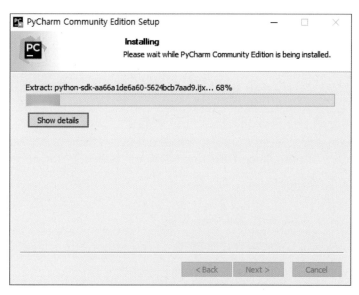

그림 Ⅱ-15 파이참 설치

[단계 6] 파이참 설치 진행 완료 후 'Finish' 버튼을 클릭한다.

● 설치 진행 완료 후, 'Reboot now'(자동 재부팅) 또는 'I want to manually reboot later'(수동 재부팅)를 선택한다.

그림 Ⅱ-16 설치 종료 및 재시작

(2) 파이참(PyCharm) 실행 및 프로젝트 생성하기

[단계 1] 바탕화면에 설치된 PyCharm 아이콘을 더블 클릭하여 실행하거나, 바탕화면에 PyCharm 아이콘이 없다면 윈도우의 검색 도구를 활용하여 'PyCharm Community Edition 2023.1' 검색을 통해 PyCharm을 실행한다.

● 개발자가 설치한 버전에 따라 버전명은 바뀔 수 있다.

[단계 2] 그림 Ⅱ-17과 같이 'Import PyCharm Settings' 창이 뜨면 'Do not import settings' 선택 후 'OK' 버튼을 클릭한다.

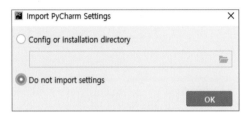

그림 Ⅱ-17 파이참 설치 후, 실행 첫 화면

[단계 3] 그림 Ⅱ-18과 같이, 파이참 이미지가 뜨고 사라지면서 'Welcome to PyCharm' 창을 볼 수 있으며, 개발자는 새로운 프로젝트를 생성해서 작업을 진행할 경우 'New Project'를 선택하고 기존의 프로젝트를 오픈하거나 기존 코드 또는 프로젝트를 사용할 경우에는 'Open'을 선택한다.

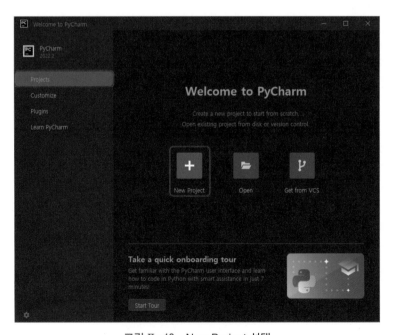

그림 Ⅱ-18 New Project 선택

- 처음 파이참을 이용하여 개발하는 개발자는 **그림 Ⅱ-18**에서 보는 것처럼, 'New Project'
  를 선택한다.

[단계 4] **그림 Ⅱ-19**에서 보는 것과 같이, 'New Project' 창에서 'Previously configured
interpreter'를 선택(**❶**)하고, 'Create a main.py welcome script'의 체크 버튼(**❷**)을 해제한다
(개발자의 개발 환경 구성에 따라 변경 가능).

- 'Previously configured interpreter'를 선택하는 이유는 'System interpreter'를 연결
  하여 사용하기 위함이다.

- 'Create a main.py welcome script'의 체크 버튼을 해제하는 이유는 자동으로 만들어지
  는 'main.py' 파일을 사용하지 않고 개발자가 작업할 파이썬 파일을 만들어 사용하기 위
  함이다.

그림 Ⅱ-19 생성할 프로젝트의 환경 설정

[단계 5] 작업할 프로젝트의 폴더 생성 및 위치 지정은 **그림 Ⅱ-19**에서 'Location' 부분의 폴더
모양을 선택하여 폴더를 생성하거나 작업 폴더를 지정한다.

- 이 단원에서는 기본으로 설정되어 있는 폴더를 사용하였지만 사용자가 프로젝트를 관리
  하기 위해서는 사용자가 지정하여 사용하는 것을 권장한다.

[단계 6] 'Previously configured interpreter'를 선택했을 때 'Interpreter' 부분이 비어 있다면 그림 Ⅱ-19에서 ❸을 선택하여 'Interpreter'를 설정한다.

- 그림 Ⅱ-19에서 ❸을 선택 후, 'Add Local Interpreter...'를 클릭한다.
- 'Add Python Interpreter' 창이 뜬다. 그리고 'System Interpreter'를 선택하며 파이썬 실행 파일의 경로가 자동으로 삽입된다. 하지만, 파이썬 실행 파일의 경로가 생성되지 않는다면 그림 Ⅱ-20의 ❶을 클릭하여 파이썬이 설치된 경로를 넣어 주면 된다.

저자는 다음의 경로에 파이썬을 설치하였기 때문에 인터프리터 경로를 아래의 경로로 설정하였다.

Python 설치 경로	C:\Users\kopo\AppData\Local\Programs\Python\Python310\python.exe

그림 Ⅱ-20   Interpreter 설정 방법

[단계 7] 'Previously configured interpreter' 설정이 끝나면 'Create' 버튼을 클릭한다.
- '[단계 1]'부터 '[단계 7]'까지가 프로젝트를 생성하는 과정이다. 그리고 [단계 8]부터는 프로젝트 안에 작업할 파이썬 파일을 생성하는 과정이다.

[단계 8] 파이참의 메뉴에서 [File] → [New] → [Python File] 선택 또는 프로젝트명(❶ 부분)에
마우스 포인터를 올려놓고 마우스 오른쪽 버튼을 클릭 → [New] 선택 → [Python File] 선택
한다.

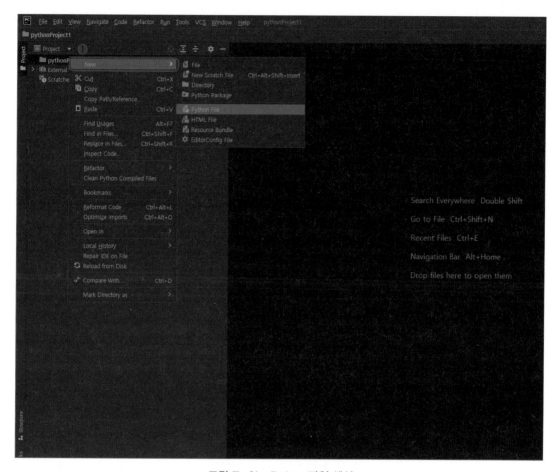

그림 Ⅱ-21   Python 파일 생성

[단계 9] 'New Python File' 창이 뜨면 ❶ 부분에 파이썬 파일명을 입력 → 엔터한다.

● 프로젝트명과 파일명은 영문을 권장하며 파일명 앞에 숫자를 사용하거나 띄어쓰기 사용
은 추천하지 않는다.

그림 Ⅱ-22   파이썬 파일명 입력

[단계 10] 프로젝트 안에 작업할 파일이 생성 완료되면 그림 II-23과 같이 최종 생성된 결과를 볼 수 있으며, ❶번 부분에 코드를 작성한다.

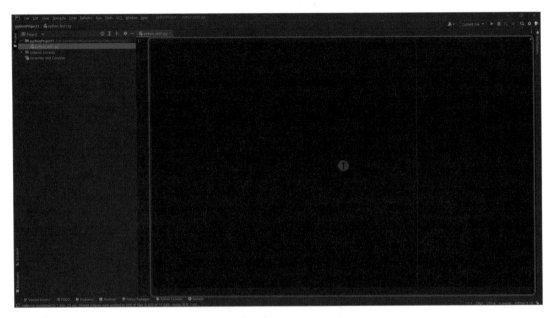

그림 II-23 프로젝트 생성 및 파이썬 파일 생성 완료

> **tip**
>
> • **파이참 설치 가이드**
>   https://www.jetbrains.com/help/pycharm/2022.2/installation-guide.html
>
> • **파이참 시작 가이드**
>   https://www.jetbrains.com/help/pycharm/2022.2/quick-start-guide.html#code-assistance

(3) 파이참(PyCharm)의 Interpreter 설정 확인 및 'pip' 사용 방법

[단계 1] 메뉴에서 'File' → 'Settings' → 'Project' → 'Project Interpreter' 실행한다(단축키 :
Ctrl + Alt + s 실행).

● **그림 II-24**에서도 확인되는 것처럼, 'Python Interpreter'에서 선택된 파이썬이 Project
에 적용된다.

● 저자는 3.8, 3.9, 3.10, 3.11 버전의 파이썬이 모두 설치되어 있기 때문에 여러분과 다를
수 있으며, 여러분이 3.10 버전의 파이썬을 선택하여 사용한다면, **그림 II-24**에서 보는
것과 같이, Python 폴더 아래의 Python310 폴더 내부 'python.exe'를 선택하면 된다.

[단계 2] 'pip'를 더블 클릭하여 원하는 Python Package를 다운로드 받아 사용한다.

● 'pip's는 'Pip Installs Packages'의 약자로써, 파이썬 패키지를 설치하고 관리하는 패키
지 관리자(Package Manager)이다.

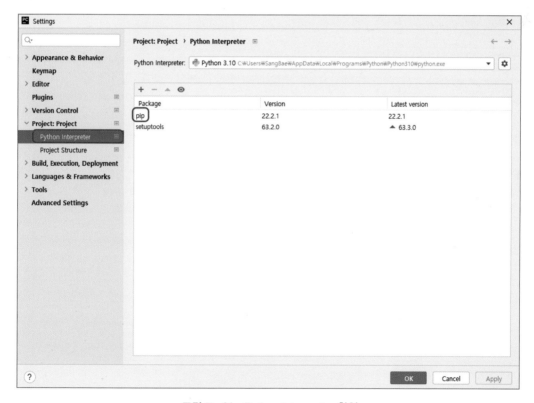

그림 II-24   Python Interpreter 확인

(4) 파이참에서 파이썬 Package 다운로드 방법(ⓔ Numpy Package 다운로드)

[단계 1] 'Project Interpreter'에서 'pip' 더블 클릭

[단계 2] Numpy 모듈 검색 및 다운로드

● 돋보기 창에 Package명 입력(❶) → 검색된 Package 선택(❷) → "Install to user's site …" 체크(❸) → "Install Package" 버튼 클릭(❹)

● Numpy(Numerical Python의 약자) Package의 특징

ⓐ 파이썬의 고성능 과학 계산용 패키지

ⓑ Matrix와 Vector와 같은 Array 연산을 할 때 사용

ⓒ Python 표준 라이브러리

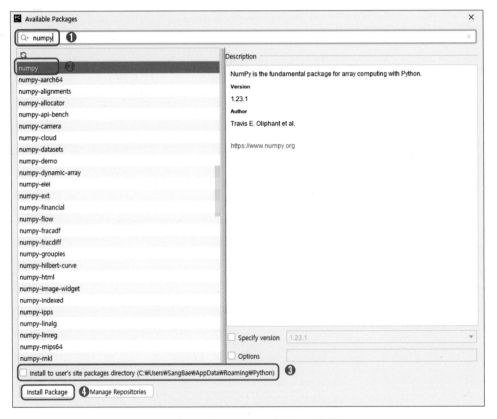

그림 Ⅱ-25 Package 다운로드 방법

(5) System Interpreter에서 Python 연동 및 버전 변경 방법

(Case 1) 설치한 파이썬 버전을 파이참에 연결(등록)하여 사용하고 싶은 경우 아래의 단계를 수행한다.

(Case 2) Project Interpreter의 콤보박스에 연결될 파이썬 실행 파일 경로가 없는 경우 아래의 과정을 수행한다.

[단계 1] 'Project Interpreter'를 실행한다(단축키 : Ctrl + Alt + s 실행).

[단계 2] 그림 II-26의 ❷로 표시된 톱니바퀴 모양의 버튼을 클릭한다.

● 그림 II-26의 ❶ 부분에서 보는 것과 같이, 개발자가 설치한 파이썬 버전이 아니거나 비어 있는 경우 그림의 ❷를 클릭한다.

● 그림 II-26에서 ❷로 표시된 톱니바퀴 모양을 클릭한 후, 'Add'와 'Show All …'의 리스트를 볼 수 있는데 이때 'Add'를 선택한다.

그림 II-26 파이참에 연동된 Python Interpreter 확인

[단계 3] 'Add Python Interpreter' 창에서 'System Interpreter'를 선택하고, 그림 II-27에서 ❶로 표시한 버튼을 클릭한다.

그림 II-27 System Interpreter 설정

[단계 4] 'Select Python Interpreter' 창에서 개발자가 설치한 파이썬을 찾아서 선택한 후, 'OK' 버튼을 클릭한다.

● 저자가 설치한 파이썬의 경로는 다음과 같다.

  – 'C:\Users\SangBae\AppData\Local\Programs\Python\Python310\python.exe'

● 파이썬이 설치된 경로를 찾는 과정에서 폴더가 보이지 않는다면 그림 II-28에서 ❶로 표시된 버튼을 클릭한다. ❶로 표시된 버튼이 활성화되면 안 보이던 폴더가 보일 것이다.

● 저자는 3.8, 3.9, 3.10, 3.11 버전의 파이썬이 모두 설치되어 있기 때문에 여러분과 다를 수 있으며, 여러분이 3.10 버전의 파이썬을 선택하여 사용한다면, 그림 II-28에서 보는 것과 같이, Python 폴더 아래의 Python310 폴더 내부 'python.exe'를 선택하면 된다.

그림 Ⅱ-28 **파이썬 실행 파일 선택**

[단계 5] Settings 창에서 'Apply' 버튼을 클릭하면 Python 연동이 완료된다.

(6) 파이참(PyCharm)의 Edit 변경 방법(예 Font 변경)

● 메뉴에서 'File' → 'Settings'(단축키 : Ctrl + Alt + S 실행) 클릭 → 'Editor' 클릭(❶)
→ 'Font' 클릭(❷)

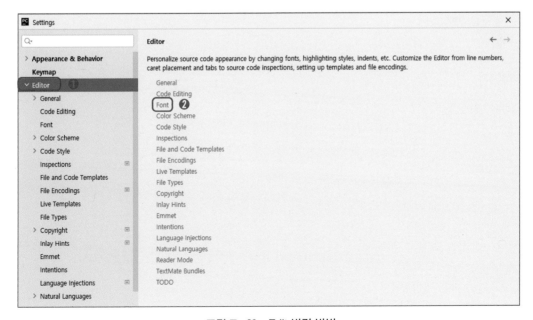

그림 Ⅱ-29 **Edit 변경 방법**

● 원하는 Font와 Size 등을 변경 후, 'Apply'를 클릭한다.

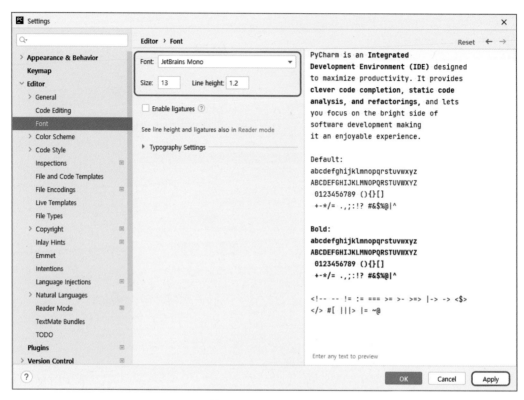

그림 Ⅱ-30 Font 변경 방법

제 3 장 텍스트 및 이미지 출력하기(실습예제)

🔍 학습 목표
1. 파이참 툴을 이용하여 프로젝트를 생성하고, Python의 출력문을 이용하여 텍스트를 출력할 수 있다.
2. 파이참 툴에서 파이썬 관련 Package를 다운받고 이미지를 출력할 수 있다.

3-1 텍스트 출력하기

1 프로젝트 생성 및 파이썬 파일 만들기

(1) 작업 프로젝트 생성하기

[단계 1] 그림 Ⅱ-31에서 보는 것과 같이, 메뉴에서 'File' 선택 → 'New Project...'을 선택한다.

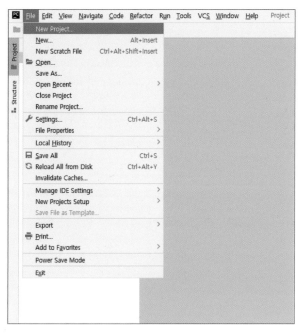

그림 Ⅱ-31 프로젝트 생성하기

[단계 2] 'Create Project' 창에서 'Location' 부분에 프로젝트를 생성할 경로를 선택한다.

- 경로를 선택하기 위해서는 'Location' 부분의 콤보 박스 내 폴더 모양을 클릭하여 프로젝트 폴더를 선택하면 된다.
- 이전에 구성한 인터프리터를 사용하여 프로젝트를 만들고 싶다면 'Previously configured interpreter'를 선택한다.

[단계 3] 'Create' 버튼을 클릭한다.

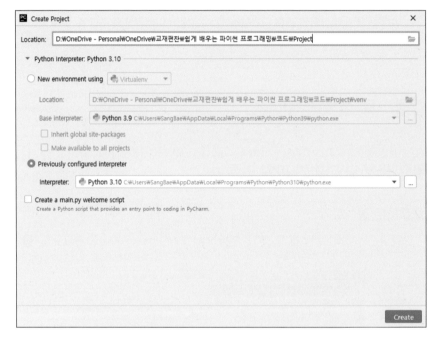

그림 II-32 'Create Project' 창 세팅

(2) 파이썬 파일 생성하기

[단계 1] 개발자가 만든 프로젝트명(그림 II-33의 ❶ 부분, 저자는 프로젝트명을 'Project'로 함)
을 한 번 선택하고, 마우스 오른쪽 버튼을 클릭한다.

[단계 2] 그림 II-33 ❷의 'New'를 선택한다.

[단계 3] 그림 II-33 ❸의 'Python File'을 선택한다.

그림 II-33 프로젝트 내 작업할 파이썬 파일 생성 방법

[단계 4] 그림 Ⅱ-33에서 'Python File'을 선택하면 그림 Ⅱ-34와 같이 'New python file' 창이 보이게 되고, 보인 창에서 'Python file'을 선택한다.

[단계 5] 그림 Ⅱ-34의 ❶ 부분에 개발자가 작업할 파이썬 파일명을 입력한다.

그림 Ⅱ-34 작업할 파이썬 파일명 입력

[단계 6] 입력 완료 후, 엔터를 입력한다.

- 작업할 프로젝트와 파이썬 파일을 모두 생성 완료하면 그림 Ⅱ-35와 같이 생성된 정보들을 확인할 수 있다.
- 그림 Ⅱ-35의 ❶ 부분은 프로젝트 내에 생성된 파이썬 파일들을 확인할 수 있다.
- 그림 Ⅱ-35의 ❷ 부분은 작업하고 있는 소스 창이며, 활성화되어 있는 탭이 현재 작업하고 있는 탭이다.
- 그림 Ⅱ-35의 ❶ 부분이 보이지 않는다면, 파이참의 메뉴 바에서 'View' 클릭 → 'Tool Windows' 클릭 → 'Project'를 클릭한다(단축키 : ⏹Alt + ⏹1).

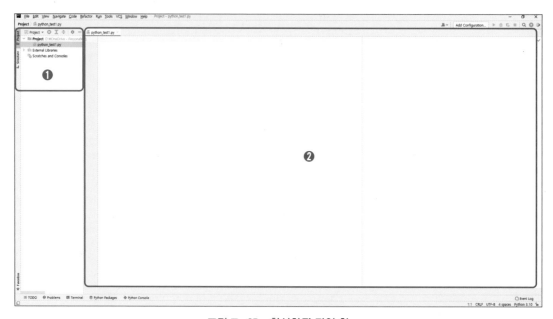

그림 Ⅱ-35 활성화된 작업 창

2 'Hello World' 출력하기

(1) 파이썬 명령어인 출력문(print( ))을 입력하여 텍스트 문장 입력하기

파이썬 코드 작성 : 출력하고 싶은 텍스트를 그림 Ⅱ-36의 내용처럼 코드를 작성한다.

[입력 예] print("Hello World")

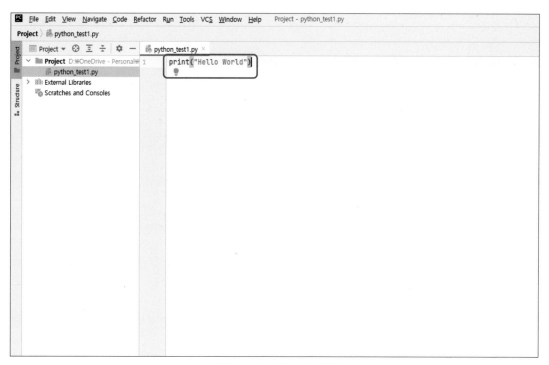

그림 Ⅱ-36 프로그램 작성

(2) 입력한 텍스트 문장 실행(출력)하기

[단계 1] 코드 실행 : 실행하고자 하는 코드가 완성되면, 코드를 입력했던 창에서 마우스 오른
쪽 버튼을 클릭하여 그림 Ⅱ-37에서 보는 것과 같이, [Run 'python_test1']을 클릭한다(단축 키
: Ctrl + Shift + F10).

- '[Run 'python_test1']'에서 'python_test1'은 개발자가 생성한 파이썬 파일의 이름이다.
- 메뉴 바에서 'Run'을 클릭한 후, 'Run...' 항목을 클릭(단축 키 : Alt + Shift + F10)하
여 코드를 실행할 수도 있다. 다만, 이 방법을 사용하면 실행하고자 하는 파일 목록이 적
혀 있는 창이 뜬다. 이 창에서 사용자가 실행하고자 하는 파일을 선택하여 실행하면 된다.

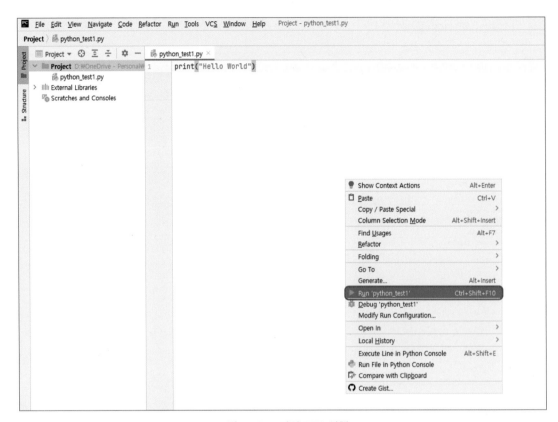

그림 II-37 작성 코드 실행

[단계 2] 그림 II-38에서 보는 것과 같이 ❶로 표시된 창에서 'Hello World' 출력 결과를 확인할 수 있다.

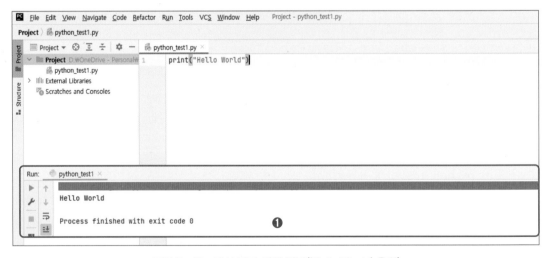

그림 II-38 작성 코드 실행 결과('Hello World' 출력)

3-2 파이참에서 OpenCV Package를 이용한 이미지 출력 실습

1 프로젝트 생성 및 파이썬 파일 만들기

① 위에서 실습했던 '텍스트 출력하기 실습'에서 작업 프로젝트 만들기 부분과 파이썬 파일 만들기를 동일하게 수행하면 된다.

② 만약, 같은 프로젝트 안에서 본 실습 파일을 작성하고 싶다면, 파이썬 파일 만들기 부분만 위 실습 내용과 동일하게 만들면 된다.

2 OpenCV Package 기반 이미지 출력하기

(1) 프로젝트에 OpenCV Package 다운로드 및 설치

[단계 1] OpenCV 기반 이미지 프로세싱을 수행하기 위해서는 'opencv-python', 'opencv-contrib-python' Package를 설치한다.

● 그림 Ⅱ-39에서 보는 것과 같이 Python Interpreter 환경에서 ❶로 표시된 부분의 'pip'를 더블 클릭한다.

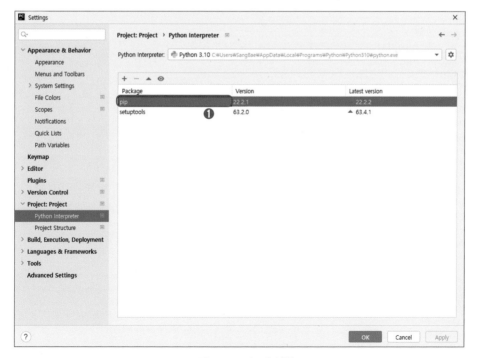

그림 Ⅱ-39 'pip' 실행

- ❷로 표시된 부분이 패키지 검색 창이며 이곳에서 'opencv-python'을 검색하고 검색된 'opencv-python'을 선택(❸)한다.
- 그림 Ⅱ-40에서 ❹로 표시된 부분을 체크하고 'Install Package' 버튼(❺)을 클릭한다.

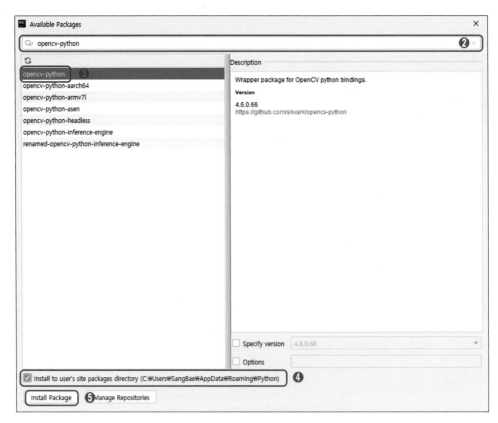

그림 Ⅱ-40   OpenCV Package 설치 방법

- 같은 방법으로 'opencv-contrib-python'을 검색하고 선택한 후, 'Install Package' 버튼을 클릭한다(만약, 'opencv-python' Package 설치가 완료되지 않은 상태에서 'opencv-contrib-python' Package를 설치하게 되면 오류가 발생할 수 있다).

[단계 2] 설치된 패키지 내용 확인 후, 'OK' 버튼을 클릭한다.

● 설치가 완료되면 **그림 Ⅱ-41**에서 보는 것과 같이, 설치된 패키지 내용과 버전 등을 확인할 수 있다.

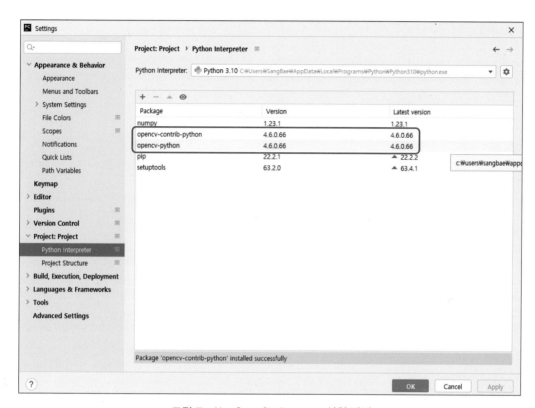

그림 Ⅱ-41　OpenCV Package 설치 방법

(2) 실행 코드 작성하기

[단계 1]   프로젝트 내에 이미지 파일 데이터를 저장할 수 있도록 디렉터리를 만든다.

- 개발자가 만든 프로젝트명을 한 번 클릭한 후, 프로젝트명에 마우스를 올려놓고 마우스 오른쪽 버튼을 클릭한다.
- 'New' 클릭 → 'Directory'를 클릭한다. (본 저자는 Directory명을 'data'로 함.)
- 'data' 폴더에 이미지 파일을 저장한다. (본 저자는 자동차 파일을 다운로드 받아 'car. jpg' 파일을 본 디렉터리에 저장함.)

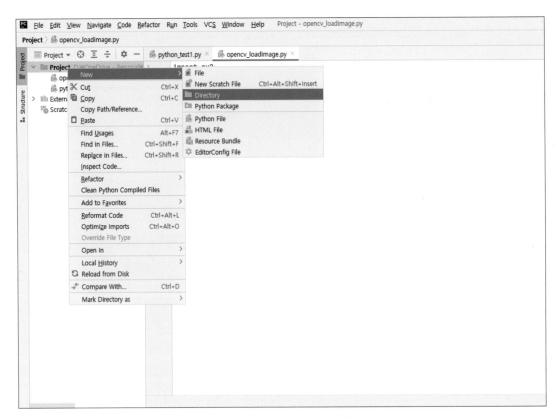

그림 II-42   Directory 생성 방법

[단계 2]　그림 Ⅱ-43에서 보는 것과 같이, 이미지 출력을 위한 코드를 작성한다.

● OpenCV Package를 본 소스에 적용하기 위하여 'import' 키워드를 사용하여 호출한다.

● OpenCV 함수들 앞에는 'cv2.'가 붙는다.

● **그림 Ⅱ-43**의 코드에서, 3번째 Line의 파일 경로가 정확하지 않으면 이미지를 출력할 수 없다. './'의 의미는 작업하고 있는 파일의 현재 위치를 의미한다.

● imread( ) 함수 : 이미지 파일을 로드한다.

● imshow( ) 함수 : 호출할 이미지를 화면에 보여 준다.

● waitkey( ) 함수 : 키보드의 키가 입력될 때까지 화면에 출력할 이미지를 보여 준다.

● destroyAllWindows( ) 함수 : 화면에 출력된 모든 윈도우를 닫는다.

```python
opencv_loadimage.py ×
1   import cv2
2
3   image_file_path = './data/car.jpg'
4   image_color = cv2.imread(image_file_path)        # default value : cv2.IMREAD_COLOR
5   image_grayscale = cv2.imread(image_file_path, 0) # '0' value : cv2.IMREAD_GRAYSCALE
6   cv2.imshow('car_Color', image_color)
7   cv2.imshow('car_Grayscale', image_grayscale)
8
9   cv2.waitKey()
10  cv2.destroyAllWindows()
11
```

그림 Ⅱ-43　실행 코드 작성

[단계 3] 코드 작성 완료 후, [Run] 실행

● 출력된 이미지는 그림 Ⅱ-44, 45와 같다.

● 아래 이미지의 출처는
'https://www.kipost.net/news/articleView.html?idxno=307092'
에서 다운로드 받았다.

그림 Ⅱ-44 코드 6번째 Line의 이미지 출력 결과

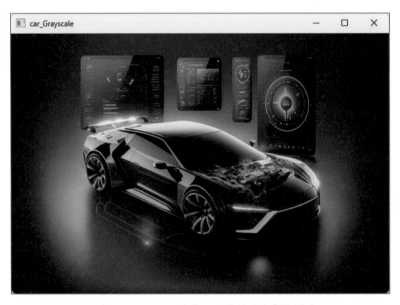

그림 Ⅱ-45 코드 7번째 Line의 이미지 출력 결과

## 제 3 부

파이썬 프로그래밍
초급 문법

python

〈그림 자료 : https://velog.io/@yeonu/파이썬-세트〉

단원소개

　　파이썬은 초보자부터 전문가까지 많이 사용하는 언어이며 전 세계적으로 가장 많이 사용하는 언어 중 하나에 속한다. 또한, 파이썬은 직관적인 프로그래밍 언어로서 배우기 쉽고 다른 언어로 쓰인 모듈들과 연결하여 사용할 수가 있다. 이것을 Glue Language라고 하는데 파이썬 언어의 강점 중 하나이다. 실제 파이썬은 많은 응용 프로그램에서 스크립트 언어로 사용되고 있으며, 사용 시에도 도움말 문서 정리가 잘 되어 있어 개발 언어로 유용하게 사용되고 있다.

　　이번 단원부터는 초보자들에게 도움이 될 수 있도록 초급, 중급, 고급으로 분리된 과정으로 파이썬을 학습하며, 이 단원은 파이썬의 기초 과정인 초급 부분을 실습 위주로 학습한다.

# 제 1 장

파이썬 기초 문법

🔍 학습 목표
1. 파이썬의 입·출력 함수와 연산자를 활용하여 간단한 프로그램을 작성할 수 있다.
2. 예외 처리 함수를 사용하여 방어 코드 및 최적화된 코드를 작성할 수 있다.

1-1　입출력 함수

1　입출력 함수의 기본 구성

(1) 입력 함수

input( ) : 사용자에게서 어떤 데이터를 입력받을 수 있으며, 그 값을 변수에 저장할 수 있는 명령어이다.

(2) 출력 함수

print( ) : 모니터 화면에 결과물(데이터)을 출력하기 위한 명령어이다.

(3) input( ) / print( ) 함수 사용법

① 괄호 안에 임의의 숫자와 한글, 영문 알파벳, 특수 기호 등이 사용 가능하다.
② 숫자를 제외한 나머지 문자들은 단일 따옴표(') 또는 이중 따옴표(")로 감싸서 사용한다.

(4) 입출력 함수의 유의 사항

① input( ) 함수의 결과 값 : 일련 문자들의 집합이다.
② print( ) 함수의 결과 값 : 숫자 또는 문자들에 상관없이 해당하는 숫자와 문자들만 표현한다.

(5) 응용 코드

split( ) 함수 사용 : 입력된 문자를 ' '(공백) 단위로 나눈다.

[예제 코드]　str1, str2=input("문자열 2개를 입력하세요."). split( )

예제 코드에 대한 코드 Masking 방법

● **특징 :** Masking된 코드는 프로그램 실행 시, 수행되지 않는다.

● **사용 방법**

① 작성한 코드의 한 줄을 Masking하고 싶을 때, '#'을 사용하여 코드의 맨 앞에 적어 준다.

> 예 # print("Hello Python!")

② 작성한 코드에 대해 주석을 넣고 싶을 때, 주석을 넣고 싶은 곳에 코드에 '#'을 사용하여 작성한다.

> 예 print("Hello Python!") # 코드 예제1

③ 작성한 코드를 여러 줄에 Masking하고 싶을 경우에는 시작 위치에 큰 따옴표(""") 또는 작은 따옴표(''')를 입력하고, 끝나는 위치에 큰 따옴표(""") 또는 작은 따옴표(''')를 입력한다.

> 예 """
> print("Hello Python!")
> print( )
> print("Hello Python!")
> """

④ 단축키(Shortcut)로 주석 처리/해제 방법 : 주석 처리할 코드들을 드래그해서 선택한 후, 'Ctrl + /' 키를 누르면, 선택된 코드들의 앞에 '#'이 붙으면서 주석처리가 된다. 주석을 해제하려면 해제할 코드를 드래그해서 선택하고, 다시 'Ctrl + /'를 누르면 주석에서 해제가 된다.

2 입력 함수 사용 예제

(1) 예제 1 : 입력(input( )) / 출력(print( )) 함수의 기본 사용법을 소개하기 위한 예제

① 그림 Ⅲ-1에서 빨간색으로 표시된 부분에서 녹색 글자가 입력 내용이고 검정색 글자는 출력 내용이다.

② 빨간색으로 표시된 창에 원하는 데이터를 직접 입력하면 된다.

(2) 예제 2, 3 : 출력 내용을 포함한 입력 함수의 사용 예제

(3) 예제 4 : 'split( )' 함수 사용 방법을 소개하는 예제이며, 입력 문자열에 대해 공백 기준으로 나누어 입력 함수의 리턴 값을 'str1'과 'str2' 변수에 반환한 후 출력한다.

[예제 프로그램과 수행 결과]

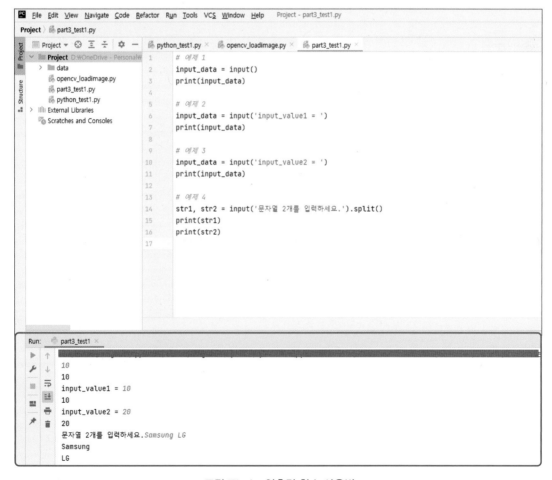

그림 Ⅲ-1 입출력 함수 사용법

③ 출력 함수 사용 예제

(1) **예제 1** : 출력 함수(print( ))의 기본 사용법을 소개한 내용으로 코드의 3번째 라인과 5번째 라인을 보면 서로 다른 구문이지만 동일하게 출력문의 줄 바꿈을 수행할 수 있다.

(2) **예제 2** : 출력문의 인자에 'sep=""'을 사용하면 출력 글자들 사이 공백을 빼고 출력할 수 있다.

(3) **예제 3** : 출력 인자에 'sep="-"' 또는 'sep="@"'을 사용하면 출력 글자 단위에 설정 문자를 넣어 출력할 수 있는 방법을 확인할 수 있다.

(4) **예제 4** : 변수의 값을 출력하고자 하는 문장과 함께 출력하는 방법이다. 코드의 18번째 라인에서 '%d'는 'input_data1'이라는 변수에 '10'이라는 정수가 담겨 있기 때문에 정수를 출력하기 위하여 '%d'를 사용하여 정수를 출력하였다.

(5) **예제 5** : 출력문 안에서 변수의 합을 수행하고 그 결과를 출력하는 예제로 출력문 안에서 연산자 사용이 가능함을 확인할 수 있다.

[예제 프로그램과 수행 결과]

```python
# 예제 1
print('Hello Python!')
print()
print("Hello Python!")
print("\n")

# 예제 2
print("P", "Y", "T", "H", "O", "N", "!")
print("P", "Y", "T", "H", "O", "N", "!", sep="")

# 예제 3
print("2022", "08", "15", "T", sep="-")
print("sb810park", "samsung.ac.kr", sep="@")

# 예제 4
input_data1 = 10
print("view_input_data1 = ", input_data1)
print("view_input_data1 = %d" % input_data1)

# 예제 5
input_data2 = 20
print("sum_data = ", input_data1 + input_data2)
```

```
Run:    part3_test2  ×

Hello Python!

Hello Python!


P Y T H O N !
PYTHON!
2022-08-15-T
sb810park@samsung.ac.kr
view_input_data1 =  10
view_input_data1 = 10
sum_data =  30

Process finished with exit code 0

▶ Run   ≔ TODO   ⊕ Problems   ⬚ Terminal   ⬢ Python Packages   ✦ Python Console
☐ PEP 8: W391 blank line at end of file
```

그림 Ⅲ-2 출력문의 다양한 사용 예

1-2 변수와 상수

1 변수의 정의와 기본 구성

(1) 정의

파이썬 프로그램에서 특정 객체를 다루려면 해당 객체에 대한 레퍼런스가 필요하다. 해당 객체에 접근할 수 있도록 객체에 붙여진 이름을 변수라 한다. 레퍼런스(Reference)란 객체 식별 및 참조에 사용되는 값이다.

(2) 생성 방법 (이름 = 식)

그림 Ⅲ-3에서 보는 것과 같이, '=' 기호 우측의 식이 계산되어 값이 생성되거나 상수가 지정되면, 그 값을 '=' 기호의 좌측 어떤 객체가 가지게 되고, 그 객체에 붙여진 이름이 변수이다.

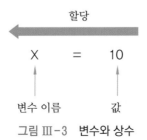

그림 Ⅲ-3 변수와 상수

(3) 변수의 명명 규칙

- 영문 문자와 숫자(0~9)를 사용할 수 있다.
- 대소문자(a~z, A~Z)를 구분한다.
- 문자부터 시작해야 하며, 숫자부터 시작하면 안 된다.
- 언더 바(_)로 시작할 수 있다.
- 특수 문자(+, −, *, /, $, @, &, % 등)는 사용할 수 없다.
- 파이썬의 키워드(if, for, while, and, or 등)는 사용할 수 없다.

(4) 변수 이름 사용 사례

적절한 변수 이름	부적절한 변수 이름
_a1, a3, b_10, d_, …	a*r, _ 2, $a, 3a, …

(5) 변수로 사용할 수 없는 파이썬 제공 키워드 확인 방법

다음 코드를 작성하여 결과를 확인하면 파이썬에서 제공하는 파이썬 키워드를 확인할 수 있다.

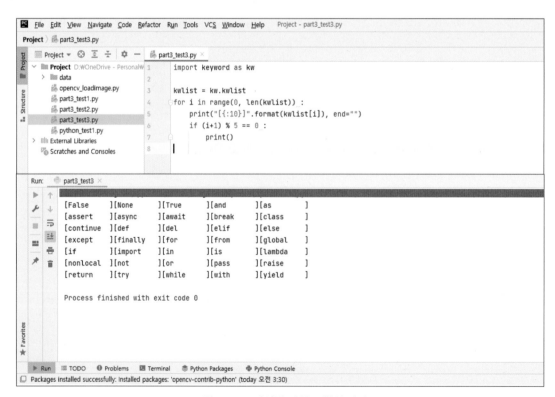

그림 Ⅲ-4 파이썬 키워드 확인 방법

2 변수의 형변환(Type Casting)

(1) 형 변환의 필요성

사용자가 정보를 입력받을 때 또는 연산을 수행하는 과정에서 변수의 자료형을 변경할 필요성이 존재할 때가 있다. 예를 들어 'input( )' 함수를 이용하여 입력받은 데이터는 기본적으로 모두 문자열이다. 이 입력받은 문자열을 산술 연산하기 위해서는 숫자 자료형으로 형 변환을 해야 산술연산이 가능하게 된다.

(2) 형 변환 예제 코드

① 그림 Ⅲ-5 예제 코드에서 보는 것과 같이, 변수 'age'의 값을 '181'로 입력한 후, 'age' 변수의 자료형을 확인하기 위하여 type( ) 함수를 사용하였다. 'type(age)'의 결과를 확인해 보면, '〈class 'str'〉'의 결과를 확인할 수 있다. 'str' 타입은 문자형 타입이기 때문에 숫자형 연산을 할 수 없는 타입이다. 따라서, 'age' 변수를 이용한 연산을 하고 싶다면 숫자형(정수형, 실수형) 변환을 해야 한다.

② 그림 Ⅲ-5 예제 코드의 3번째 라인은 'age' 변수를 정수형 타입(int)으로 형 변환을 해주는 과정이다. 형 변환된 결과를 확인해 보면, '〈class 'int'〉'로 변경된 것을 확인할 수 있다.

수행 코드
height = input("키가 어떻게 되나요(단위:cm)?") print(type(height)) height = int(height) print(type(height)) print(height)

```
Run:    part3_test4 ×
        C:
        키가 어떻게 되나요(단위:cm)?181
        <class 'str'>
        <class 'int'>
        181

        Process finished with exit code 0
```

그림 Ⅲ-5 자료형 변환 예제 코드

3 예제로 배우는 변수의 대입

(1) 코드 예제 1
일반적인 변수 대입 방법 및 type( ) 함수를 통한 변수의 자료형을 확인하는 예제이다.

(2) 코드 예제 2
변수 여러 개를 한 번에 만들고 한 번에 변수 값을 대입하는 예제이다.

(3) 코드 예제 3
변수 값을 모두 동일하게 만드는 방법에 대한 예제이다.

그림 Ⅲ-6   변수 대입 방법에 대한 예제

4 예제 코드를 통한 할당 변수 값 교체, 삭제, 빈 변수 만들기

(1) 코드 예제 1

변수를 할당할 때 변수의 값을 서로 바꾸기 위한 방법에 대한 예제이다. 파이썬에서는 Swapping 알고리즘(Swap : 두 개의 값을 맞바꾼다는 뜻)을 구현하여 대입하지 않아도 '예제 1'의 실습 코드와 같이 변수 값 바꾸기를 쉽게 할 수 있다.

(2) 코드 예제 2

빈 변수를 만들기 위한 방법으로 프로그램을 개발할 때 빈 변수를 선언하여 전역 변수 형태로 사용하고자 할 때 많이 사용된다. 빈 변수 선언 시에는 변수에 'None'을 대입해 주면 된다.

(3) 코드 예제 3

변수를 삭제하는 방법으로 'del' 키워드를 사용하며 메모리의 리소스를 관리하기 위해 사용된다.

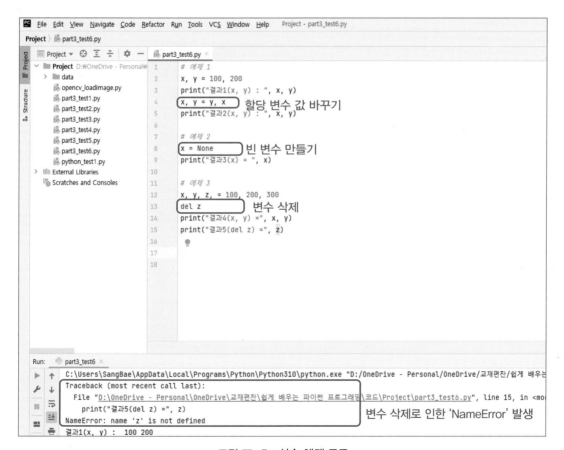

그림 III-7 실습 예제 코드

1-3 수 체계와 연산자

1 수 체계

(1) 10진수 체계

파이썬은 기본 10진수이기 때문에 다른 진수는 다음과 같이 접두어가 붙는다.

구분	2진수	8진수	16진수
접두어	0b	0o	0x

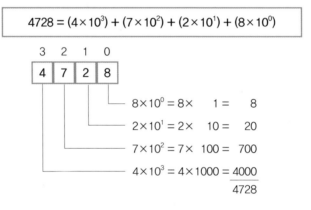

그림 III-8 10진수 체계

(2) 2진수 체계

① 어떤 워드 내에 있는 하나의 비트는 두 가지 논리적 상태를 가진다.

　　: 논리적 '1'(ON) 조건 또는 논리적 '0'(OFF) 조건만 가진다.

② 10진수를 2진수로 변환하는 방법은 **그림 Ⅲ-9**에서 보는 것과 같이, 2로 나눈 나머지를 취하고 다시 2로 나눈 나머지를 취하는 방법을 반복하여 몫이 '0' 또는 '1'이 될 때까지 반복적으로 수행하면 된다. **그림 Ⅲ-9**에서 보는 것과 같이, 정수형 '47'을 2진수로 표현하면 '101111'이다.

$$
\begin{array}{r|l}
2 & 47 \\
\hline
2 & 23 \quad \cdots\cdots\cdots 1 \\
\hline
2 & 11 \quad \cdots\cdots\cdots 1 \\
\hline
2 & 5 \quad \cdots\cdots\cdots 1 \\
\hline
2 & 2 \quad \cdots\cdots\cdots 1 \\
\hline
& 1 \quad \cdots\cdots\cdots 0
\end{array}
$$

그림 Ⅲ-9　10진수를 2진수로 변환

③ 2진수를 10진수로 변환하는 방법은 2진수의 값에 2진수의 제곱근을 곱해준 후 서로 더해 주면 된다. (2진수는 1, 2, 4, 8, 16, 32, 64, 128, 256, … 으로 상승하게 된다.)

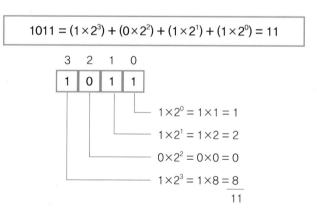

$$1011 = (1 \times 2^3) + (0 \times 2^2) + (1 \times 2^1) + (1 \times 2^0) = 11$$

$$1 \times 2^0 = 1 \times 1 = 1$$
$$1 \times 2^1 = 1 \times 2 = 2$$
$$0 \times 2^2 = 0 \times 0 = 0$$
$$1 \times 2^3 = 1 \times 8 = \underline{8}$$
$$11$$

그림 Ⅲ-10　2진수를 10진수로 변환

(3) 8진수 체계

① **8진수** : 0~7까지로 구성된다.

2진법	8진법
000	0
001	1
010	2
011	3
100	4
101	5
110	6
111	7

그림 Ⅲ-11 2진수와 8진수의 수 체계 비교

② 그림 Ⅲ-12에서 보는 것과 같이, 8진수를 10진수로 바꾸려면 각 숫자와 자리 값을 곱하여 모두 더하면 된다.

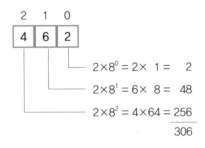

그림 Ⅲ-12 8진수를 10진수로 변환하는 방법

③ 8진수를 2진수로 변환하는 방법은 8진수의 숫자들을 하나씩 2진수로 바꾸어 3자리의 2진수로 각각을 표현하면 된다.

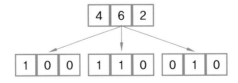

그림 Ⅲ-13 8진수를 2진수로 변환하는 방법

(4) 16진수 체계

① **16진수** : 0, 1, 2, 3, 4, 5, 6, 7, 8, 9, a, b, c, d, e, f로 총 16개로 구성된다. 여기서 a=10(10), b=11(10), c=12(10), d=13(10), e=14(10), f=15(10)를 뜻한다.

16진법	2진법	10진법
0	0	0
1	1	1
2	10	2
3	11	3
4	100	4
5	101	5
6	110	6
7	111	7
8	1000	8
9	1001	9
a	1010	10
b	1011	11
c	1100	12
d	1101	13
e	1110	14
f	1111	15

그림 Ⅲ-14   2진수, 10진수, 16진수의 수 체계 비교

② 그림 Ⅲ-15에서 보는 것과 같이, 16진수를 10진수로 변환하는 방법은 2진수를 10진수로 변환하는 방법과 비슷하다. 맨 뒤부터 16의 0제곱, 1제곱, 2제곱, 3제곱, ..., n제곱을 하여 모두 더하면 된다.

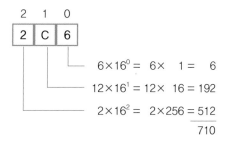

그림 Ⅲ-15   16진수를 10진수로 변환하는 방법

③ 10진수에서 16진수로의 변환은 2진수로의 변환과 똑같이 10진수를 16으로 계속 나누어 주면 된다. 그리고 16진수를 2진수로 변환하는 방법은 16진수의 숫자들을 하나씩 2진수로 바꾸어 4자리의 2진수로 각각을 표현하면 된다.

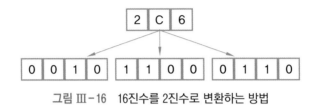

그림 Ⅲ-16   16진수를 2진수로 변환하는 방법

② 연산자(Operator)

(1) 파이썬의 기본 연산자

① **정의** : 피연산자를 이용하여 연산자의 정의에 맞게 계산한 후, 하나의 값을 결과 값으로 제시하는 과정이다.

② **연산자의 기본 구성**

- 산술(arithmetic) 연산자 : +, −, *, /, %, ** 등
- 값의 크기를 비교(comparison)하는 비교 연산자 : ⟨, ⟨=, ⟩, ⟩=, ==, !=, is 등
- 논리 연산자 : 'True'와 'False' 값을 갖는 논리형의 피연산자를 대상으로 논리합, 논리곱, 논리 부정을 수행하는 논리(logical) 연산자(or, and, not)

(2) 산술 연산자

정수형 또는 실수형의 덧셈은 우리가 쉽게 생각하는 덧셈으로 연산된다. 그리고 그 결과도 정수형 또는 실수형으로 도출된다. 하지만 문자열형끼리 덧셈을 하게 되면 그 결과는 문자열형으로 도출되기 때문에 사칙연산에 문제가 발생할 소지가 크다. 따라서 사칙연산을 할 경우에는 항상 데이터 타입을 정수형이나 실수형으로 변경(타입 캐스팅)하여 연산하는 것이 바람직하다.

다음 표에서 많이 사용되는 몇 가지 연산자를 살펴보면, '**' 연산자는 지수 연산을 사용할 때 표현하는 방식이다. '/'과 '//'의 차이점은 '/' 연산자의 경우 우리가 일반적으로 알고 있는 나누기 연산자이며 '//' 연산자는 나누기 연산 후 소수점 이하의 수를 버리고, 정수 부분의 수만 결과로 도출할 수 있게 하는 연산자이다. 그리고 '%' 연산자는 C언어에서 사용되는 연산자와 똑같이 나누기 연산 후, 몫이 아닌 나머지를 구할 때 사용되는 연산자이다.

연산자	의미(피연산자의 데이터형)	예제	결과 값
+	덧셈(정수형. 실수형)	6.5 + 3	9.5
+	문자열 잇기(문자열형)	'6.5' + '3'	'6.53'
−	뺄셈(정수형, 실수형)	6.5 − 3	3.5
*	곱셈(정수형, 실수형)	6.5 * 3	19.5
*	반복(문자열형, 정수형)	'6.5' * 3	'6.56.56.5'
**	지수(정수형. 실수형)	6.5 ** 3	274.625
/	나눗셈(정수형, 실수형)	6.5 / 3	2.1666665
//	나눗셈(정수형, 실수형)	6.5 // 3	2.0
%	나머지 구하기(정수형)	5 % 3	2

> **tip**
> - **정수형 :** 수학에서 사용하는 '정수'와 동일 (예 10, 21, −32, −43, …)
> - **실수형 :** 수학에서 사용하는 '실수'와 동일 (예 10.1, 21.2, −32.13, −43.14, …)
> - **문자열형 :** " ", ' ' 안에 문자를 넣어서 선언 (예 "동물", "산", '집', '독수리', …)

[실습 예제]

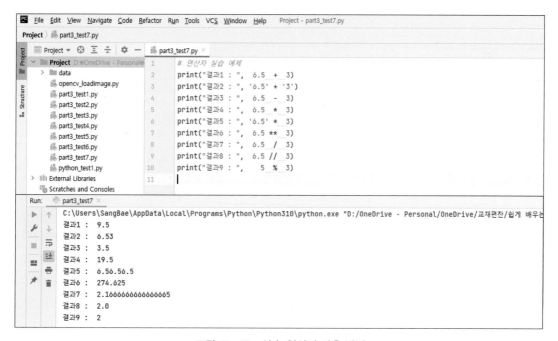

그림 Ⅲ-17 산술 연산자 사용 방법

(3) 비교 연산자

'is'와 'in' 연산자는 C언어에서는 사용되지 않는 연산자이다. 하지만 이 연산자로 인해 편리한 연산을 많이 할 수 있다. 'is' 연산자는 변수의 값을 비교하는 것이 아니고 레퍼런스를 비교하는 연산자이다. 따라서 '==' 연산자와는 차이가 있다. C언어로 설명하면 변수의 포인터를 의미한다고 말할 수 있다. 하지만 C 언어가 아니기 때문에 변수를 포인터처럼 엑세스할 수는 없다. '==' 연산자는 데이터를 비교하는 연산자이다. 'in' 연산자와 함께 'not in' 연산자는 어떤 배열이 있을 때 그 배열에 특정한 값이 있는지 찾아서 그 값이 있으면 'True'(참)를, 없으면 'False'(거짓)를 결과로 도출하게 된다. 'not in' 연산자는 'in'연산자와 반대로 포함되어 있지 않을 때를 의미한다. 그 외에 '!=' 연산자는 왼쪽 데이터와 오른쪽 데이터가 같은지 비교하는 연산자이다.

연산자	의미(피연산자의 데이터 형)	예제	결과 값
==	같다. (딕셔너리 제외한 모든 형)	3 == 3	True
!=	같지 않다. (딕셔너리 제외한 모든 형)	3 != 3	False
<, <=	작다, 작거나 같다. (딕셔너리 제외한 모든 형)	3 < 3	False
>, >=	크다, 크거나 같다. (딕셔너리 제외한 모든 형)	3 >= 3	True
is	변수의 대상체(id)가 같다.	3 is 3	True
in	연산자 왼쪽 값이 오른쪽 포함되어 있다. (포함연산자)	2 in [1, 2, 3]	True

[실습 예제]

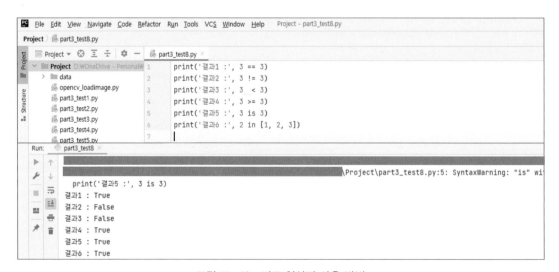

그림 Ⅲ-18 비교 연산자 사용 방법

(4) 논리 연산자

논리 연산자는 다음 표에서 보는 것과 같이, 'or', 'and', 'not' 연산자가 있다. 'or' 연산자는 입력 중에 하나라도 'True'(참)면 결과가 'True'(참)인 결과를 도출하고 입력 모두 'False'(거짓)이면 결과가 'False'(거짓)으로 도출된다. 'and' 연산자는 입력 모두 'True'(참)인 상황에서만 결과가 'True'(참)인 결과를 도출하게 된다. 'not' 연산자는 입력 데이터에 대한 반전 데이터를 결과로 도출하게 된다. 즉, 입력 데이터가 'True'(참)이면 결과는 'False'(거짓)이고, 입력 데이터가 'False'(거짓)이면 결과가 'True'(참)으로 도출된다. 프로그램에서 'True'는 '0'이 아닌 숫자를 의미하며 False는 '0'을 의미한다. 따라서 프로그램 작성 시 'True' 또는 'False'로 참과 거짓을 표현할 수 있으며, 정수형 '0' 또는 '1'로도 참과 거짓을 표현할 수 있다.

연산자	의미(피연산자의 데이터형)	예제	결과 값
or	논리합(불형)	True or False	True
and	논리값(불형)	True or False	False
not	논리부정(불형)	not True	False

[실습 예제]

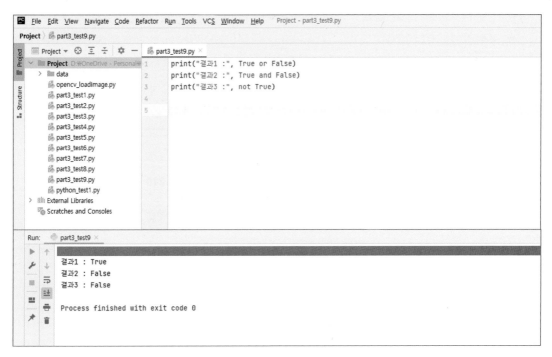

그림 Ⅲ-19 논리 연산자 사용 방법

(5) 비트 연산자

논리 연산자는 연산자의 좌우 데이터를 활용하여 'True'(참) 또는 'False'(거짓)로 결과를 도출하지만 비트 연산자는 다음 표에서 보는 것과 같이, 데이터를 2진수의 비트로 표현했을 때 각각의 비트들을 서로 연산하여 결과를 도출하게 된다.

Exclusive-OR은 입력되는 두수가 서로 다를 때만 '1'로 결과를 출력하고 서로 다른 경우에는 '0'으로 결과를 출력한다. 비트 단위의 보수 연산에서 보수란 컴퓨터에서 음의 정수를 표현하기 위한 방법을 말한다. 따라서 비트 단위의 보수 연산은 입력되는 데이터를 비트로 바꾼후, 보수를 취한 결과를 말한다.

연산자	의미(피연산자의 데이터형)	예제	결과 값
&	비트 단위의 'and' 연산	5&3	1
|	비트 단위의 'or' 연산	5|3	7
^	비트 단위의 xor(exclusive-or) 연산	5^3	6
~	비트 단위의 보수(complement) 연산	~5	-6

① 비트 연산의 원리

● 비트 단위의 AND 연산 방법 : 그림 Ⅲ-20에서 보는 것과 같이, '178', '219'를 각각 비트로 표현하면 '10110010', '11011011'이다. 여기서 'DEC'는 10진수를 의미한다. AND 연산은 연산되는 입력의 수가 모두 '1'일 때만 결과를 '1'로 표현하고, 한쪽의 데이터가 '0' 또는 두 숫자 모두 '0'일 때 '0'으로 결과를 출력한다. 따라서 아래의 두 숫자(178, 219)를 비트 단위로 연산을 하게 되면 '146'(10010010)이라는 결과를 얻게 된다.

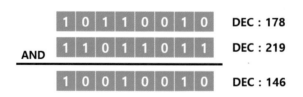

그림 Ⅲ-20 비트 단위의 AND 연산

● 비트 단위의 OR 연산 방법 : OR 연산은 입력 비트 중에 하나의 비트가 '1'이면 결과를 '1' 로 출력하게 된다. 그리고 입력 비트가 모두 '0'이면 '0'을 출력하게 된다.

그림 Ⅲ-21 비트 단위의 OR 연산

② 파이썬에서 보수(Complement)에 대한 개념과 Bitwise Reversion 연산

● 파이썬에서 '~' 연산 설명이 레퍼런스에서는 다음과 같이 설명하고 있다.

> Returns the complement of x − the number you get by switching each 1 for a 0 and each 0 for a 1. This is the same as −x − 1.
> (https://wiki.python.org/moin/BitwiseOperators)

● 컴퓨터에서는 '−'(마이너스, 음수) 연산 개념이 없다. 그래서 컴퓨터에서 '2−1'을 계산할 때 보수를 생성하여 '2+보수값 = 1'로 계산한다. 즉, 보수는 컴퓨터에서 뺄셈 연산을 하기 위해 사용된다. 다시 말해, '~' 연산자 뒤에 숫자 'x'의 수를 를 넣으면 −(x+1)이 된다고 생각하면 된다.

● 1의 보수 연산 방법 : 2진법의 1의 보수는 비트 전체를 반전시키면 1의 보수이다. 예를 들어, 2진수 '00110010'의 1의 보수는 '11001101'이다.

● 2의 보수 연산 방법 : 2의 보수는 1의 보수에서 '+1'을 하면 된다. 또는 비트의 최하위 비트(가장 오른쪽 비트)에서부터 1을 만날 때까지 그대로 쓰고, '1'뒤에부터는 반전하여 쓰면 된다. 2진수 '11010010'의 2의 보수는 '0 → 10 → 1'을 만났기 때문에 나머지는 역으로, '00101110'이다.

예를 들어, (순서 1) +3을 16비트 크기의 2진수로 표현

(순서 2) +3의 2진수 값을 1의 보수로 변환

(순서 3) 1의 보수 값에 1을 더함

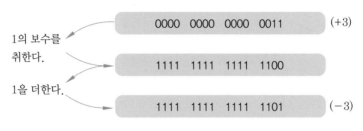

그림 Ⅲ-22 2의 보수를 이용한 −3의 표현

> **tip**
>
> **파이썬에서 '∼' 연산자와 '!' 연산자의 차이점**
>
> 둘 다 not operation을 수행한다. 하지만, '∼'는 비트 연산을 수행할 때 사용되며, '!' 연산은 논리 연산을 수행할 때 사용한다.

[실습 예제]

● bin( ) 함수 : 10진수를 2진수로 반환할 때 사용되는 함수이다.

```python
# 실습 예제 1
print("결과1 :",  bin(13))        #10진수를 2진수로 변환하기
print("결과2 :",  0b1101)         #2진수를 10진수로 변환하기

# 실습 예제 2 : 비트 논리 연산자 사용하기
print("결과3 :",  bin(0b1101 & 0b1001))     #비트 AND
print("결과4 :",  (13 & 9))                  #비트 AND
print("결과5 :",  bin(13 & 9))              #비트 AND
print("결과6 :",  0b1101 | 0b1001)          #비트 OR
print("결과7 :",  (13 | 9))                  #비트 OR
print("결과8 :",  bin(13 | 9))              #비트 OR
print("결과9 :",  0b1101 ^ 0b1001, (13^9))
print("결과10 :", bin(13^9))
print("결과11 :", ~0b1101)
print("결과12 :", (~13))
print("결과13 :", bin(~13))

# 실습 예제 3 : 2의 보수를 이용한 10진법 뺄셈
a = 11
b = 4
c = a - b
d = a + (~b + 1)
print("결과15 :", c, d)
```

```
Run:    part3_test10 ×
  ►    ↑    결과1 : 0b1101
  ⚙    ↓    결과2 : 13
  ■    ⇥    결과3 : 0b1001
            결과4 : 9
  ▦    ⬇    결과5 : 0b1001
  ★    🖶    결과6 : 13
      🗑    결과7 : 13
            결과8 : 0b1101
            결과9 : 4 4
            결과10 : 0b100
            결과11 : -14
            결과12 : -14
            결과13 : -0b1110
            결과15 : 7 7
```

그림 Ⅲ-23 비트 연산자 사용 방법

(6) 시프트 연산자

데이터를 비트 단위로 이동시켜 값을 증감시키는 연산자이다.

연산자	의미(피연산자의 데이터형)	예제	결과 값
≪	비트 단위로 왼쪽으로 밀기	5≪3	40
≫	비트 단위로 오른쪽으로 밀기	5≫3	0

[실습 예제]

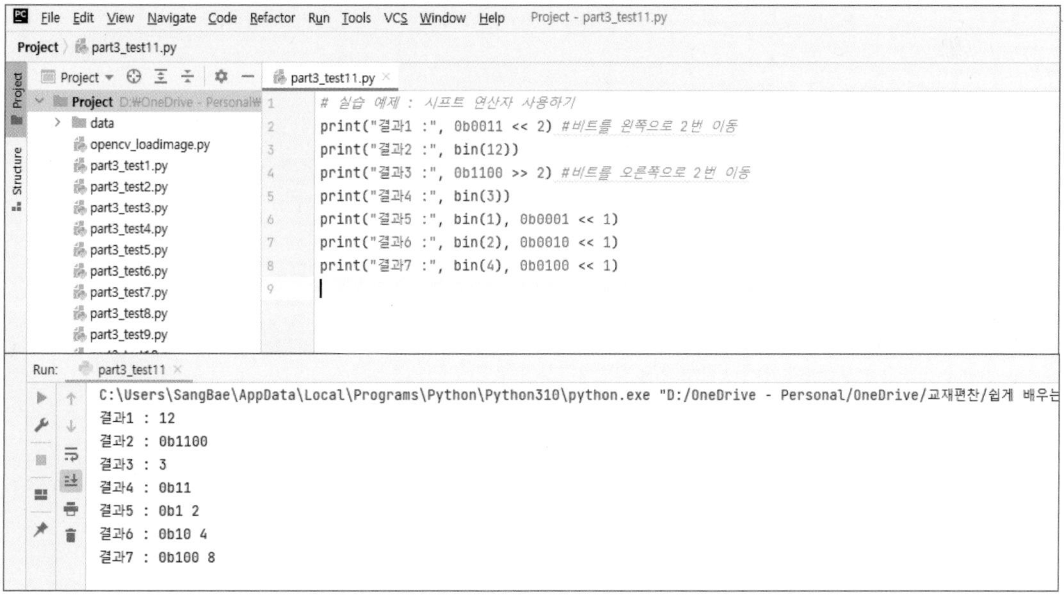

```
PC  File  Edit  View  Navigate  Code  Refactor  Run  Tools  VCS  Window  Help       Project - part3_test11.py
Project    part3_test11.py
  Project ▾  ⊕  ⬆  ⬇  ✿  ─      part3_test11.py ×
  ▼ Project D:\OneDrive - Personal\  1   # 실습 예제 : 시프트 연산자 사용하기
    > ▮ data                         2   print("결과1 :", 0b0011 << 2) #비트를 왼쪽으로 2번 이동
      opencv_loadimage.py            3   print("결과2 :", bin(12))
      part3_test1.py                 4   print("결과3 :", 0b1100 >> 2) #비트를 오른쪽으로 2번 이동
      part3_test2.py                 5   print("결과4 :", bin(3))
      part3_test3.py                 6   print("결과5 :", bin(1), 0b0001 << 1)
      part3_test4.py                 7   print("결과6 :", bin(2), 0b0010 << 1)
      part3_test5.py                 8   print("결과7 :", bin(4), 0b0100 << 1)
      part3_test6.py                 9
      part3_test7.py
      part3_test8.py
      part3_test9.py
Run:    part3_test11 ×
  ►    ↑    C:\Users\SangBae\AppData\Local\Programs\Python\Python310\python.exe "D:/OneDrive - Personal/OneDrive/교재편찬/쉽게 배우는
  ⚙    ↓    결과1 : 12
  ■    ⇥    결과2 : 0b1100
            결과3 : 3
  ▦    ⬇    결과4 : 0b11
  ★    🖶    결과5 : 0b1 2
      🗑    결과6 : 0b10 4
            결과7 : 0b100 8
```

그림 Ⅲ-24 시프트 연산자 사용 방법

(7) Python의 연산자 우선순위 규칙

연산자에는 우선순위가 있다. 즉, Python에서는 연산을 할 때 어떤 부분을 먼저 연산을 할지 정해져 있는데 다음의 표가 우선순위를 나타내는 표이다. 많은 독자들이 다음의 표를 보고 이걸 어떻게 다 외우냐고 막막해 할 것이다. 따라서 여러분들은 먼저 연산이 필요한 수식에 괄호('(…)')를 사용하면 연산자 우선순위를 외우지 않아도 된다. (괄호('(…)')는 연산자 우선순위에서 가장 높은 순위를 가지고 있다.)

우선순위	연산자	설명
1	(값, …), [값…], {키:값…}, {값…}	튜블, 리스트, 딕셔너리, 세트 생성
2	x[인덱스], x[인덱스 : 인덱스], X(인수…), x.속성	리스트(튜플) 첨자, 슬라이싱, 함수 호출, 속성 참조
3	await x	await 표현식
4	**	거듭제곱
5	+x, −x, ~x	단항 덧셈(양의 부호), 단항 뺄셈(음의 부호), 비트 NOT
6	*, @, /, //, %	곱셈, 행렬 곱셈, 나눗셈, 버림 나눗셈, 나머지
7	+, −	덧셈, 뺄셈
8	≪, ≫	비트 시프트
9	&	비트 AND
10	^	비트 XOR
11	|	비트 OR
12	in, not in, is, is not, <, <=, >, >=, !=, ==	포함 연산자, 객체 비교 연산자, 비교 연산자
13	not x	논리 NOT
14	and	논리 AND
15	or	논리 OR
16	if else	조건부 표현식
17	lambda	람다 표현식

(8) 연산식(Expression)

① 연산식이란?

- 피연산자와 연산자들의 집합으로 이루어진 것을 연산식 또는 식이라 한다.
- 평가(Evaluation)가 가능하며 하나의 값을 가진다.
- 피연산자로 변수, 상수, 함수 등의 다양한 객체가 사용 가능하다.

② 유의사항

- 연산자의 우선순위를 정확하게 기억하지 못하면 연산의 결과를 보장할 수 없다.
- 연산자 우선순위가 기억나지 않을 때에는 소괄호('( )')를 사용한다. 소괄호는 어떤 연산자보다 높은 우선순위를 가진다.
- 연산자 '=='와 '='의 차이를 구별해서 사용해야 한다.
  - ⓐ 연산자 '==' : 두 개의 피연산자 값이 동일한지 여부를 판단하는 비교 연산자이다.
  - ⓑ 연산자 '=' : 오른쪽 피연산자 값을 왼쪽 피연산자에게 부여하는 치환 연산자이다.

1-4 예외 처리(try, except, finally, else)

개발 또는 코딩을 진행하다보면 예상하지 못한 수많은 오류들을 만나게 된다. 특히, 데이터를 처리할 때 오류 자체가 발생하지 않도록 if문을 사용할 수도 있겠지만, 그것보다 파이썬에서 제공하는 예외 처리 키워드를 통해 오류들을 회피하거나, 처리하는 방법이 훨씬 효율적인 방법이다.

1 예제로 배우는 try & except

숫자가 아닌 문자열을 int( ) 함수로 변경할 때,

```
int("number")
```

아래와 같은 오류가 발생한다.

```
ValueError: invalid literal for int( ) with base 10: 'number'
```

본 문제에 대해 오류를 회피하려면, 아래의 코드처럼 try & except를 사용하면 된다. try문을 실행하면 'ValueError'가 발생한다(숫자가 아니므로, 정수 변경 불가). 이럴 때 다음과 같이 구성하면, 발생하는 오류에 대해 except절의 코드가 실행된다. 단, 오류의 종류에 상관없이 무조건 예외 처리된다.

```python
try:
    # 예외 처리할 코드
    int("number")
except:
    # 발생하는 에러에 대한 처리
    print("Not Number!")
```

반면 특정 에러 메시지에 대해서만 처리하고 싶다면 아래의 코드와 같이 처리한다. 아래 예제 코드는 'ValueError'을 처리하고 싶을 때 사용하면 된다. 즉, 발생할 오류를 생각하고 'ValueError'를 처리하고 싶을 때 사용하면 된다.

```python
try:
    int("number")
except ValueError:
    print("Not Number!")
```

다음 구성은 'ValueError' 발생 시 저장되어 있는 string을 출력해 준다.

```python
try:
    int("number")
except ValueError as m:
    print(m)
```

string 출력 결과는 다음과 같다.

```
invalid literal for int( ) with base 10: 'number'
```

2 예제로 배우는 try & except & else

다음의 예제 코드처럼 else문을 추가로 사용하면, 에러가 발생하지 않을 때 실행 코드를 구성할 수 있다.

예제 코드	수행 결과

``
try:
    # 예외 처리할 코드
    int("45")
except ValueError as m:
    # 발생하는 에러에 대한 처리
    print(m)
else:
    # 에러가 발생하지 않았을 경우에 실행
    print("No Error!")
``
	No Error!

3 예제로 배우는 try & except & else & finally

'finally'를 코드에 추가하면 에러의 발생과 관계없이 항상 실행되는 코드를 추가로 구성할 수 있다. 이 방법은 Error 발생으로 동작이 제한될 가능성을 회피하기 위함이다.

```
try:
    # 예외 처리할 코드
    print(10/0)
except ZeroDivisionError:
    # 발생하는 에러에 대한 처리
    print("Zero Division Error")
else:
    # 에러가 발생하지 않았을 경우에 실행
    print("no error!")
finally:
    # 예외 발생여부에 관계없이 항상 실행
    print("always")
```

tip

에러 발생시키기(raise)

'raise' 구문을 사용하면 에러를 강제로 발생시키게 할 수 있다. 아래 코드는 정상적으로 동작하는 코드이지만, raise 구분에 의해 except 내의 코드가 실행되게 된다.

```
try:
    # 예외 처리할 코드
    print(3)
    # 강제로 에러를 발생시킴
    raise NameError
except NameError:
    # 발생하는 에러에 대한 처리
    print("Name or ZeroDivision Error")
```

연습 문제

1. 5개의 점수를 입력 받아 평균점수를 구하는 프로그램을 작성하시오.

2. 사용자로부터 문자를 입력 받은 후, 문자열의 길이를 출력하는 프로그램을 작성하시오.
   (힌트 len( ) 함수 사용)

3. 사용자로부터 입력받은 문자열을 3번 연속 출력하시오.

4. 사용자에게 입력 받은 숫자에 '100'을 더하여 출력하시오.

5. 변수와 상수의 차이점을 서술하시오.

6. try, except, else, finally 키워드의 차이점을 서술하시오.

파이썬의 자료형

🔍 학습 목표
1. 자료형의 종류를 구분하고 요소별 특징을 확인하며 프로그램으로 구현할 수 있다.
2. 파이썬에서 사용되는 수치 자료형과 문자열 자료형, 군집 자료형에 대해 차이점을 설명할 수 있다.

2-1 파이썬에서 사용되는 자료형

파이썬의 기본 자료형(Data type)은 변수에 저장된 데이터의 타입을 의미하며, 크게 수치 자료형, 불(bool) 자료형, 군집 자료형으로 구분할 수 있다.

다음 표는 파이썬에서 사용되는 기본 자료형들이다. 수치 자료형은 단순 숫자로 할당된 변수들의 데이터 타입들로 이루어져 있다. 불(Bool) 자료형은 참 또는 거짓으로 할당된 변수들의 데이터 타입들로 구성되어 있다. 군집 자료형은 C/C++ 언어에서 볼 수 없는 자료형으로 군집 자료형을 잘 사용하면 반복문의 사용을 많이 줄일 수 있다.

구분	자료형	설명
수치 자료형	int, float, complex	단순 숫자 타입
불(Bool) 자료형	bool	참(True) 또는 거짓(False)
군집 자료형	str, list, tuple, set, dict	다양한 데이터를 저장

다음 표는 기본 자료형 중에 가장 많이 사용되는 기본 데이터형들이다. C/C++ 언어에서는 변수를 설정할 때 변수의 데이터 타입을 개발자가 지정하지만, 파이썬에서는 자동으로 데이터 타입이 정수형(int), 실수형(float), 문자열형(str), 논리형(bool) 등으로 할당된다. 변환 함수는 데이터 타입을 변경하고 싶을 때 사용된다. 이것을 형 변환(Type Casting)이라고 한다. 즉, 개발 상황에 따라서 또는 필요에 따라서 강제로 변수의 자료형을 변경하여 연산 및 출력에 활용하게 된다.

데이터형	의미	예제	변환 함수
int	정수형	⋯ −3, −2, −1, 0, 1, 2, 3 ⋯	int(…)
float	실수형	−2.54, 0.35, 4.2e5, 3.0e−5, ⋯	float(…)
str	문자열형	'a', "강아지"⋯	str(…)
bool	참, 거짓을 나타내는 논리형	True, False	bool(…)

2-2 수치 자료형 (int, float, complex : 단순 숫자 타입)

1 정수, 실수, 복소수 타입의 자료형

(1) 'int'형

① 정수형에 대한 데이터 타입이다.

② 영어로 integer, 줄여서 파이썬에서는 'int'라고 표현한다.

③ 정수끼리 더하거나 곱하거나 빼면 정수이다.

④ 정수끼리 나누면 실수가 나올 수 있으나, 나눗셈의 몫만을 구하려면 '//' 연산자를 이용한다.

사용 예	a = 5//3 # 연산 결과 : a=1

⑤ 실수를 정수로 바꾸려면 'int( )' 함수를 이용한다.

사용 예	a = int(5.4) # 연산 결과 : a=5

(2) 'float'형

① 실수형에 대한 데이터 타입이다.

② 부동소수점이라는 표현법을 이용해 소수점을 표현할 수 있는 숫자이다.

③ 정수를 실수로 바꾸려면 'float( )' 함수를 사용한다.

(3) 'complex'형

① 복소수에 대한 데이터 타입이다.

② 'real', 'imag' 값을 전달하면 해당 복소수를 반환하거나 문자열 혹은 숫자를 복소수로 변환한다.

2 예제로 배우는 수치 자료형에 대한 표현

(1) 수치 자료형 : 숫자를 나타내는 데이터의 형식

① 그림 III-25 코드의 '//'은 나눗셈의 몫만 구할 때 사용되는 연산자이다.

② 복소수의 인자를 문자열로 표현할 때 "5+3.2j"와 같이 띄어쓰기 없이 표현해야 에러가 발생하지 않는다.

③ 그림 III-25 코드 예제 3에서 보는 것과 같이, '1024'는 정수이며 정수형의 데이터 타입을 확인할 수 있다. 그리고 '3.14'와 '314e-2'는 실수이며 실수형의 데이터 타입을 확인할 수 있다. '3 + 4j'는 복소수이며 complex 타입을 확인할 수 있다.

그림 III-25 수치 자료형 사용 방법

2-3 불 자료형(boolean, bool)

1 Bool Type 자료형

(1) 'bool' 타입

① 참(True) 또는 거짓(False)만을 담을 수 있는 데이터 타입이며, 'True'는 '1'의 데이터 값을 가지고, 'False'는 '0'의 데이터 값을 가진다.

② 비교 연산자는 'bool' 값('0' 또는 '1')을 리턴(Return)한다.

2 예제로 배우는 불(bool) 자료형 사용 방법

(1) **실습 예제 1** : 불 자료형(bool)의 데이터 타입을 확인할 수 있으며 'True', 'False'의 앞 글자는 대문자로 표현해야 한다. 그리고 '0'이 아닌 숫자는 모두 'True'이다.

(2) **실습 예제 2** : '3'과 '7'의 데이터를 비교했을 때 반환되는 값이 참(True)과 거짓(False)으로 표현됨을 확인할 수 있다.

```
2   print("결과1 :", type(True), type(False))
3   value1 = 32;      value2 = 20
4   print("결과2 : num1 > num2 =", bool(value1 > value2))
5   print("결과3 : num1 < num2 =", bool(value1 < value2))
6   print("결과4 : num1 > num2 and 1 > -1 =", bool(value1 > value2 and 1 > -1))
7   print("결과5 : num1 > num2 and 1 < -1 =", bool(value1 > value2 and 1 < -1))
8   print("결과6 : 1 =", bool(1))
9   print("결과7 : -1 =", bool(-1))
10  print("결과8 : 0 =", bool(0))    # '0'이 아닌 숫자는 모두 True 이다.
11
12  # 실습 예제 2 : boolean 연산
13  value3 = 3 > 7
14  print("결과9 :", value3, type(value3))
15  print("결과10 : True + True   =", True + True)
16  print("결과11 : True + False  =", True + False)
17  print("결과12 : False + True  =", False + True)
18  print("결과13 : False + False =", False + False)
19
```

```
C:\Users\SangBae\AppData\Local\Programs\Python\Python310\python.exe "D:/OneDrive - Personal/OneDrive/교재편찬/쉽게 배우는 파이썬 프로그래밍/코드/Pr
결과1 : <class 'bool'> <class 'bool'>
결과2 : num1 > num2 = True
결과3 : num1 < num2 = False
결과4 : num1 > num2 and 1 > -1 = True
결과5 : num1 > num2 and 1 < -1 = False
결과6 : 1 = True
결과7 : -1 = True
결과8 : 0 = False
결과9 : False <class 'bool'>
결과10 : True + True   = 2
결과11 : True + False  = 1
결과12 : False + True  = 1
결과13 : False + False = 0
```

그림 Ⅲ-26 Bool Type 자료형 사용 방법

2-4   군집 자료형(str, list, tuple, dic, set)

1 문자열(string) 자료형

(1) 문자열(str)

① 'str' : string의 약자(Character String : 문자열)이다.

② 숫자를 문자로 바꾸려면 'str( )' 함수를 사용한다.

③ 작은따옴표 혹은 큰따옴표로 둘러싸여 있는 단어나 문자 숫자들을 말한다.

　　예 " " : 빈 문자열, "123"과 "abcdef" 모두 문자열

(2) 문자열 내부에서 사용되는 이스케이프

① 문자열 내부에서 특수하게 사용할 수 있도록 미리 약속으로 정해준 코드를 말한다.

② 다음 표에서 이스케이프 사용 방법을 확인할 수 있다.

표현	내용
\\ (역슬래시 역슬래시)	– 문자열 내부에서 역슬래시(\)를 표현할 때 사용
\' (역슬래시 작은따옴표)	– 문자열 내부에서 작은따옴표(')를 표현할 때 사용
\" (역슬래시 큰따옴표)	– 문자열 내부에서 큰따옴표(")를 표현할 때 사용
\n (역슬래시 n)	– 문자열 내부에서 개행을 할 때 사용 – 줄 바꿈 코드
\t (역슬래시 t)	– 문자열에서 간격을 줄 때 사용 – 탭 간격 줄 때 사용하는 코드

(3) 예제로 배우는 문자열(str)의 기본 사용 방법

① 그림 Ⅲ-27 코드에서 '비교 예제 1'은 'str( )' 함수를 사용한 예제로 정수형 값을 문자형 값
으로 변환하는 방법과 그 결과이다. 반면에 '비교 예제 2'는 정수형 값을 그대로 출력한다.
② 'input( )' 함수의 반환 값은 문자열이기 때문에 연산을 위해서는 정수형 값으로 Type
Casting을 해야 한다.

그림 Ⅲ-27 문자열 사용 방법 예제

2 리스트 타입(List Type)의 자료형

(1) 리스트형(List Type)

- 원소(element)라고 부르는 값들의 집합이다.
- 각 값은 순서 정보(Index)를 가지며 대괄호([ ])로 묶어 표현한다.
- 값의 사이에는 콤마(,)가 있다.
- 'List( )'라는 함수 또는 '[ ]'로 빈(empty) 리스트를 만들 수 있다.

  예 'alist = [10, 20, 30]'(1차원 리스트)이라고 정의한다면, 변수 'alist'는 값이 '[10, 20, 30]' 인 리스트 객체를 레퍼런스하기 위한 이름이다. 즉, 'alist'를 리스트 변수라 한다. 그리고 'alist[0]'의 값은 '10', 'alist[1]'의 값은 '20', 'alist[2]'의 값은 '30'이 된다.

(2) 2차원 리스트 사용 방법

① **2차원 리스트의 정의** : 리스트를 사용할 때 한 줄로 늘어선 1차원 리스트를 사용했는데 평면 구조를 갖는 2차원 리스트는 세로×가로 형태로 이루어져 있으며, 행(row)과 열(column)의 인덱스(Index)는 모두 0부터 시작한다.

그림 Ⅲ-28 2차원 리스트 구성

② **2차원 리스트 구성 및 원소 접근 방법**

ⓐ 2차원 리스트는 리스트 안에 리스트를 넣어서 만들 수 있으며, 안쪽의 각 리스트는 ','(콤마)로 구분한다.

리스트 = [[값, 값], [값, 값], [값, 값]]

ⓑ 2차원 리스트의 원소에 접근하거나 값을 할당할 때는 리스트 뒤에 '[ ]'(대괄호)를 두 번 사용하며 '[ ]' 안에 세로(Row) 인덱스(Index)와 가로(Column) 인덱스를 지정해주면 된다.

2차원 리스트 원소 접근 구조	리스트[세로 인덱스][가로 인덱스] 리스트[세로 인덱스][가로 인덱스] = 값

ⓒ 2차원 리스트도 인덱스는 '0'부터 시작한다. 따라서 리스트의 가로 첫 번째, 세로 첫 번째 원소는 'a[0][0]'이 된다.

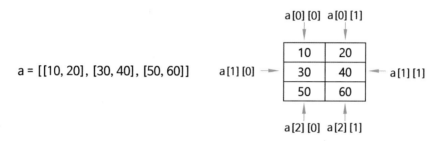

그림 Ⅲ-29   2차원 리스트 접근 방법

③ 1차원과 2차원 리스트에 대한 원소 접근 예제

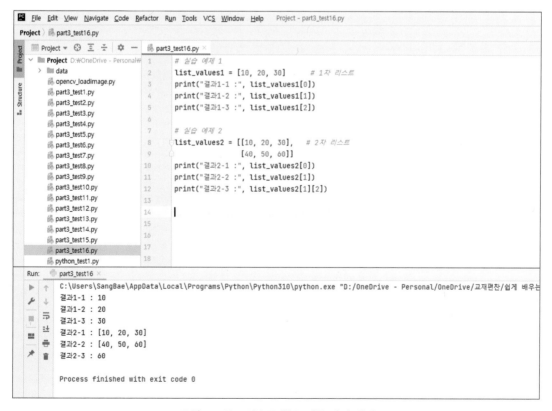

그림 Ⅲ-30   리스트 원소 접근 방법 예제

(3) 톱니형 리스트(Jagged List)란?

① 다음 코드에서 보는 것과 같이, 2차원 리스트 '[[10, 20], [30, 40], [50, 60]]'은 가로 크기가 일정한 사각형 리스트이다. 특히 파이썬에서는 가로 크기가 불규칙한 톱니형 리스트도 만들 수 있다.

```
list_values = [[10, 20],
               [500, 600, 700],
               [9],
               [30, 40],
               [8],
               [800, 900, 1000]]
```

② 위 예제의 리스트 'list_values'는 가로 크기(행의 원소 개수)가 제각각이다. 이런 리스트는 원소가 배치된 모양이 톱니처럼 생겼다고 하여 톱니형 리스트라고 부른다.

③ 톱니형 리스트는 다음 예제 코드에서 보는 것과 같이, 'append' 메서드 등을 사용하여 동적으로 생성할 수도 있다. 'append' 메서드는 리스트의 마지막에 데이터를 추가할 수 있는 함수이다.

예제 코드	실행 결과
a = [ ] a.append([ ]) a[0].append(10) a[0].append(20) a.append([ ]) a[1].append(500) a[1].append(600) a[1].append print(a)	[[10, 20], [500, 600, 700]]

(4) 예제를 통한 리스트 원소 추가, 삭제, 위치 반환 방법

① append( ) : 리스트의 마지막에 원소를 추가할 수 있는 메서드

● 예제 '결과 1-1' : 'a' 리스트 끝에 '4'의 원소를 추가하는 과정이다. append 메서드는 주로 시계열 데이터로 입력되는 값을 리스트에 누적하고 싶을 때 많이 사용된다.

② insert( ) : 원하는 리스트의 위치에 원소를 추가할 수 있는 메서드

- 예제 '결과 1–2' : 'a' 리스트의 2번째 인덱스에 '10'의 데이터를 추가하는 과정이다.

③ remove( ) : 원하는 리스트 값을 삭제할 수 있는 메서드

- 예제 '결과 1–3' : 'a' 리스트의 값에서 '3'의 원소를 삭제하는 과정이다.

④ del : 원하는 위치의 리스트 원소 삭제

- 예제 '결과 1–4' : 'a' 리스트에서 '0'번째 인덱스에 해당하는 원소를 삭제하는 과정이다.

⑤ index( ) : 리스트 값의 위치를 반환

- 예제 '결과 2–1' : 'a' 리스트에서 '10'의 원소가 있는 인덱스의 값을 반환하는 과정이다.

⑥ '+' 연산자 : 리스트끼리 더하면 리스트의 원소들을 하나의 리스트로 만든다.

- 예제 '결과 2–4' : 'a' 리스트와 'b' 리스트를 더하여 하나의 리스트를 만드는 과정이다.

⑦ '+=' 연산자 : 연산자의 왼쪽 값과 오른쪽 값을 더하여 왼쪽 값에 반환한다.

그림 Ⅲ-31 리스트 원소 추가, 삭제, 위치 반환 방법

(5) 데이터의 슬라이싱(Slicing)이란?

● 슬라이싱(slicing) or 슬라이스(slice) : 연속적인 객체들에(예 리스트, 튜플, 문자열) 범위를 지정해 선택해서 객체들을 가져오는 방법 및 표기법을 의미한다. 슬라이싱을 하면 새로운 객체를 생성하게 된다. 즉, 일부분을 복사해서 가져온다고 생각하면 된다.

(6) 슬라이싱의 기본 구조

① 연속적인 객체들의 자료 구조(예 리스트, 튜플, 문자열)가 있다고 가정을 했을 때 기본 형태는 다음과 같다.

> list_values[start : end : step]

ⓐ 'start' 인자 : 슬라이싱을 시작할 시작 위치이다.

ⓑ 'end' 인자 : 슬라이싱을 끝낼 위치로 'end'에 해당하는 인덱스의 값은 포함하지 않는다.

ⓒ 'step' 인자 : Stride라고도 하며 몇 개씩 끊어서 가져올지를 정한다. (옵션)

② 각 'start', 'end', 'step' 모두 양수와 음수를 가질 수 있다.

(7) 슬라이싱에 대한 인덱스(Index) 값의 위치

위에서 설명한 것과 같이, 값들은 양수 또는 음수를 가질 수 있다.

① **양수** : 연속적인 객체들의 제일 앞에서부터 0을 시작으로 번호를 매긴다.

② **음수** : 연속적인 객체들의 제일 뒤에서부터 −1을 시작으로 번호를 매긴다.

(8) 예제로 배우는 문자열(str) 및 리스트(list) 데이터의 슬라이싱(Slicing) 사용 방법

슬라이싱 기법을 잘 사용하면 반복문의 사용을 크게 줄일 수 있다. 그림 Ⅲ-32 예제 프로그램은 문자열과 숫자 데이터를 이용하여 슬라이싱 방법을 설명한 코드이다. '실습 예제 1'은 문자로 구성된 데이터 값들이고, '실습 예제 2'는 숫자로 구성된 리스트 값들로 구성되어 있다.

그림 Ⅲ-32 예제를 살펴보면, '[0:6]'은 인덱스 0부터 시작해서 5까지의 6글자를 의미한다. '[7:]'로 리스트 인덱스를 선언하면 7번째에 있는 리스트 값부터 마지막까지의 값들을 의미하게 된다. '[7:−4]'라고 리스트의 위치를 선언하면 7번째에 있는 리스트 값부터 리스트의 마지막 위치에서 거꾸로 5번째 사이의 값들을 의미하게 된다.

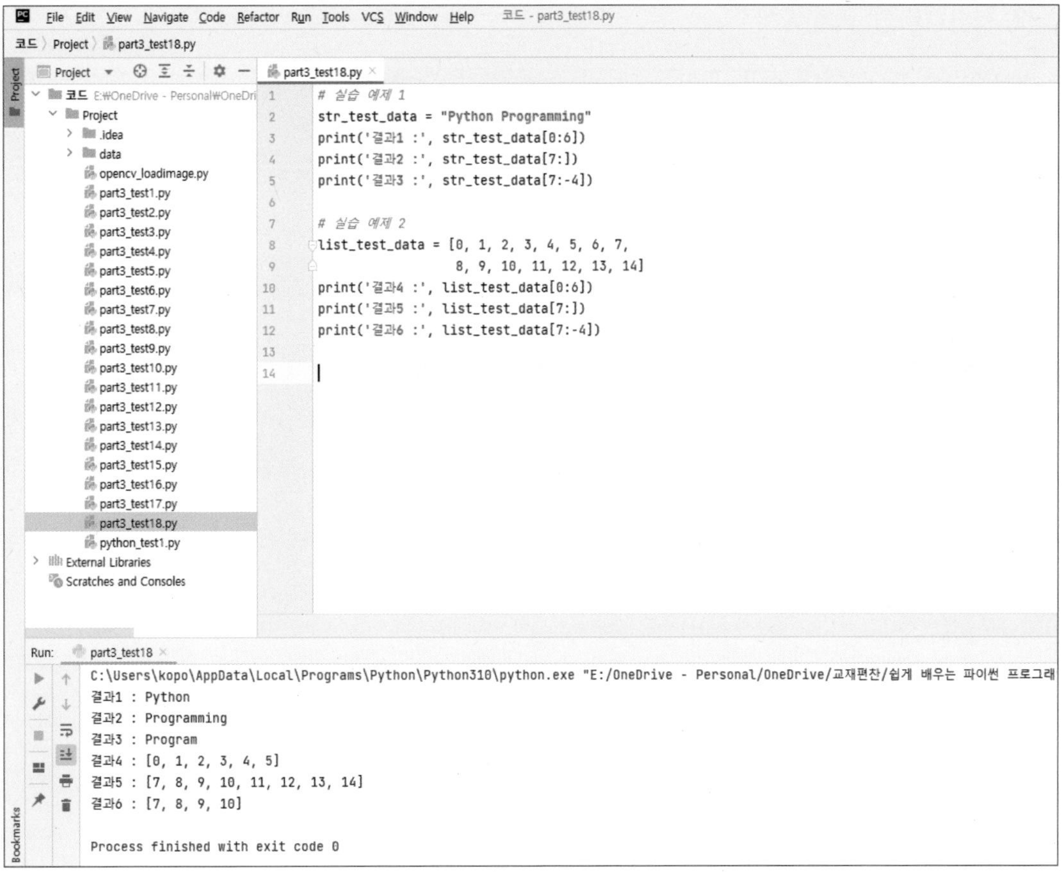

그림 Ⅲ-32 리스트 데이터를 이용한 슬라이싱 사용 방법

3 딕셔너리형 타입(Dictionary Type)의 자료형

(1) 딕셔너리형(Dictionary Type)

① 사전처럼 키(Key)와 키에 대한 의미(Value)의 쌍을 여러 개 가지고 있는 집합형을 딕셔너리형(Dictionary Type)이라 한다.

② 쌍 사이에 콤마(,)가 있고 함수 'dict( )'로 초기화 된다.

③ 순서를 가지지 않고 키(Key)를 이용하여 값(Value)을 찾을 수 있다.

④ 키(Key)의 값은 중복되면 안 되고, 리스트나 딕셔너리와 같은 키워드는 키(Key) 값으로 사용할 수 없다.

⑤ 딕셔너리형은 '{, }' 사이에 Key와 Value를 할당하고 Key와 Value 구분은 ':'로 분리되어 있다.

(2) 딕셔너리형 구성 예제

> countries = {"대한민국":"서울", "미국":"워싱턴DC", "노르웨이":"오슬로"}

위 예제에서 '대한민국', '미국', '노르웨이'는 Key 값들이고, '서울', '워싱턴DC', '오슬로'는
Value 값들이다. 즉, 'countries'는 딕셔너리형 데이터 타입이고 'countries["대한민국"]'의
Value는 "서울"이고, 'countries["미국"]'의 Value는 "워싱턴DC", 'countries["노르웨이"]'의
Value는 "오슬로"이다.

그림 Ⅲ-33   딕셔너리형 사용 방법에 대한 기본 예제

(3) 예제로 배우는 딕셔너리형(Dictionary Type) 데이터 컨트롤 방법

① **실습 예제 1** : Key와 Value를 추가하는 방법과 삭제하는 방법

● Key 추가 : 추가하고 싶은 Key를 'data['학생_C']'처럼 할당한다.

● Value 추가 : Key('data['학생_C']')에 해당하는 Value 값을 '= 80'처럼 추가한다.

● Key와 Value 삭제 : 'del' 키워드를 사용하여 삭제하고자 하는 Key를 'del data['학생_A']'
처럼 작성하여 삭제할 수 있다.

② **실습 예제 2** : 'keys( )', 'values( )', 'items( )' 함수를 사용하여 각각의 데이터를 확인할
수 있다.

③ **실습 예제 3** : 'get( )' 함수를 사용하여 원하는 Key에 해당하는 Value를 얻을 수 있다.

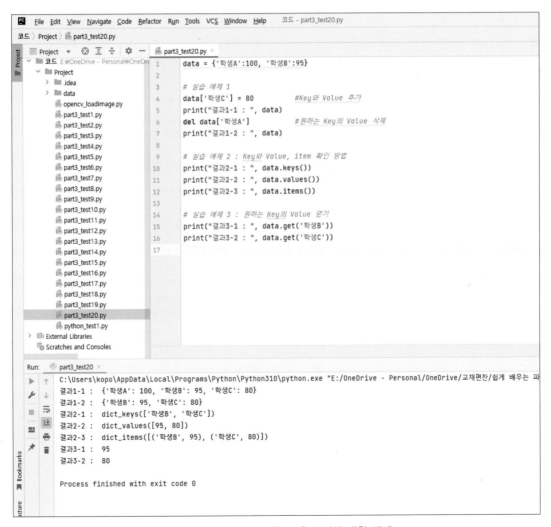

그림 Ⅲ-34 딕셔너리형 사용 방법에 대한 예제

4 집합형 타입(Set Type)의 자료형

(1) 집합형(Set Type)

① 원소(Element)라고 부르는 값들의 집합이다.

② 리스트와 다르게 순서가 없고, 원소 값이 중복되지 않는다.

③ 중괄호('{ }')로 묶어 표현하고 값의 사이에는 콤마(,)가 있다.

④ 순서가 없으므로 원소의 위치(Index)를 알 수 없다.

⑤ **집합 연산자들**

    ⓐ 교집합 연산자 : &, 합집합 연산자 : |, 차집합 연산자 : −

    ⓑ 교집합 함수 : intersection( ), 합집합 함수 : union( ), 차집합 함수 : difference( )

    ⓒ 원소 추가 함수 : add( )

    ⓓ 여러 원소를 함께 추가하는 함수 : update( )

    ⓔ 원소 삭제 함수 : remove( )

> **tip**
> - **교집합 :** 두 집합 A, B에 대하여 집합 A에도 속하고 B에도 속하는 원소로 이루어진 집합
> - **합집합 :** 집합 A에 속하거나 B에 속하는 원소로 이루어진 집합
> - **차집합 :** 두 집합 A, B에 대하여 A의 원소 중에서 B에 속하지 않는 모든 원소들로 이루어진 집합

(2) 예제로 배우는 집합형 연산자의 사용 방법에 대한 기본 예제

① **실습 예제 1 :** 'data1'과 'data2'의 교집합을 연산하기 위하여 '&' 연산자를 사용하거나 'intersection( )' 함수를 사용하여 교집합 연산을 할 수 있다.

② **실습 예제 2 :** 'data1'과 'data2'의 합집합을 연산하기 위하여 '|' 연산자를 사용하거나 'union( )' 함수를 사용하여 합집합 연산을 할 수 있다.

③ **실습 예제 3 :** 'data1'과 'data2'의 차집합을 연산하기 위하여 '−' 연산자를 사용하거나 'difference( )' 함수를 사용하여 차집합 연산을 할 수 있다.

그림 Ⅲ-35 집합형 연산자 사용 방법 1

④ **실습 예제 4 :** add( ) 함수를 사용하여 원하는 원소를 추가할 수 있다.

⑤ **실습 예제 5 :** update( ) 함수를 사용하면 여러 원소를 함께 추가할 수 있다.

⑥ **실습 예제 6 :** remove( ) 함수를 사용하여 원하는 원소를 삭제할 수 있다.

```
1    data1 = {1, 2, 3}
2    data2 = {2, 3, 4}
3
4    #실습 예제 4 : 원소 추가
5    print("결과 4-1 : ", data1)
6    data1.add(4)
7    print("결과 4-2 : ", data1)
8
9    #실습 예제 5 : 여러 원소를 함께 추가
10   print("결과 5-1 : ", data2)
11   data2.update([5, 6])
12   print("결과 5-2 : ", data2)
13
14   #실습 예제 6 : 원소 삭제
15   print("결과 6-1 : ", data1)
16   data1.remove(2)
17   print("결과 6-2 : ", data1)
18
```

```
C:\Users\kopo\AppData\Local\Programs\Python\Python310\python.exe "E:/OneDrive - Personal/OneDrive/교재편찬/쉽게 배우는 파
결과 4-1 :  {1, 2, 3}
결과 4-2 :  {1, 2, 3, 4}
결과 5-1 :  {2, 3, 4}
결과 5-2 :  {2, 3, 4, 5, 6}
결과 6-1 :  {1, 2, 3, 4}
결과 6-2 :  {1, 3, 4}
```

그림 Ⅲ-36 집합형 연산자 사용 방법 2

5 튜플형 타입(Tuple Type)의 자료형

(1) 튜플형 타입(Tuple Type)

① 리스트형과 유사하지만 리스트는 여러 원소들을 대괄호 '[ ]'로 묶어 표현하며, 튜플은 원
소들을 소괄호'( )'로 묶어 표현하거나 콤마(,)로 나열하여 표현한다. 그리고 리스트 타입
은 원소의 값들을 새로 추가, 변경, 삭제가 가능하지만 튜플 타입은 직접 변경할 수 없다.

구현 방법 : 'tuple_data = (1, 2, 3)' 또는 'tuple_data = 1, 2, 3'으로 표현

② 튜플은 한 개의 원소를 갖는 경우 한 개의 원소 뒤에 콤마(,)를 찍어 표현하며 인덱싱, 슬
라이싱, 더하기, 곱하기, 튜플 원소 개수 구하기가 가능하다.

(2) 예제로 배우는 튜플형(Tuple Type) 사용 방법에 대한 기본 예제

① 실습 예제 1

ⓐ 튜플 변수 뒤에 대괄호 '[ ]'을 사용하여 범위를 지정하면 그 범위만큼의 데이터를 선택 및 출력할 수 있다.

ⓑ 데이터 선택 : 대괄호 '[ ]' 안에 원하는 원소의 인덱스를 적거나 ':' 기호를 사용하여 원 하는 범위('시작 인덱스 : 종료 인덱스')의 인덱스를 지정하면 그 범위만큼의 원소들을 선택할 수 있다.

② 실습 예제 2 : '+' 연산 기호를 사용하면 튜플형 데이터의 원소들을 합칠 수 있다.

③ 실습 예제 3 : '*' 연산 기호를 사용하면 튜플형 데이터의 길이를 늘릴 수 있다.

④ 실습 예제 4 : len( ) 함수를 사용하면 튜플형 변수의 길이를 알 수 있다.

그림 Ⅲ-37 튜플형 사용 방법에 대한 기본 예제

(3) 튜플형(Tuple Type) 데이터 타입의 원소 추가, 합치기, 형변환 방법

① **실습 예제 1**

ⓐ 그림 Ⅲ-38 예제에서 보는 것과 같이, 튜플형 데이터들 사이에 '5'라는 숫자를 추가하는 방법을 통해 Tuple 타입의 원소를 추가할 수 있다.

ⓑ 튜플은 리스트 타입과 달리 원소 값을 직접 바꿀 수 없기 때문에 문자열 예제에서 했던 것처럼 데이터들을 오려붙이는 방법을 써야 한다.

② **실습 예제 2** : 튜플형(Tuple Type) 데이터 타입을 'list( )' 함수를 통해 타입을 변경하여 사용하면 리스트형 데이터 타입의 연산을 수행할 수 있다.

③ **실습 예제 3** : 리스트 데이터 타입에 'tuple( )' 함수를 사용하면 튜플형 데이터 타입으로 변경할 수 있다.

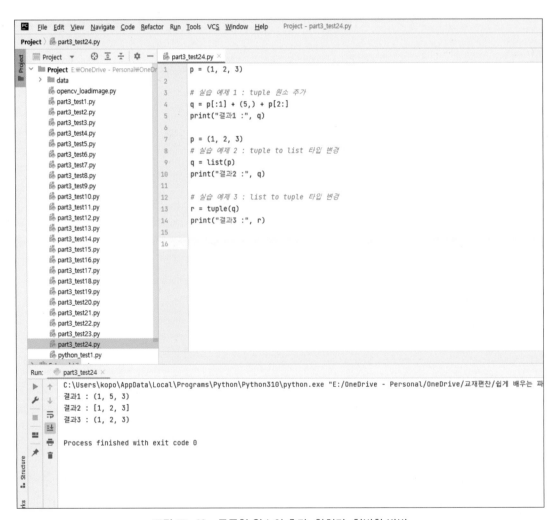

그림 Ⅲ-38 튜플형 원소의 추가, 합치기, 형변환 방법

연습 문제

1. 홍길동 씨의 주민등록번호는 990125-1706251이다. 홍길동 씨의 주민등록번호를 연월일 (YYMMDD) 부분과 그 뒤의 숫자 부분으로 나누어 결과를 출력하시오. (힌트 문자열 슬라 이싱 기법을 사용)

2. 리스트형 데이터 [1, 3, 5, 7, 9]에서 append( ) 함수를 사용하여 [1, 3, 5, 7, 9, 11, 13]의 결과를 도출하시오.

3. 튜플형 데이터 (1, 2, 3, 4)에 5의 값을 추가하여 (1, 2, 3, 4, 5)를 만들어 출력하시오. (힌트 더하기(+)를 사용)

4. 딕셔너리형 타입 dict_data = {'A':90, 'B':80, 'C':70}에서 Key 값 'B'에 해당되는 Value를 추출하시오. (힌트 get( ) 함수 사용)

5. 리스트형 타입 list_values = [1, 1, 2, 2, 2, 3, 4, 4, 4, 4, 5]에서 중복 숫자를 제거해서 결과를 도출하시오. (힌트 집합 자료형의 요소 값이 중복될 수 없다는 특징을 사용)

제 **3** 장

제어문의 구조

🔍 학습 목표
1. 조건문과 반복문의 차이를 설명할 수 있다.
2. 조건문, 반복문을 사용하여 간단한 프로그램을 구현할 수 있다.

3-1 조건문 활용 방법(if-elif-else문)

■ 조건문이란?

조건문은 비교문 또는 선택문이라고 부르기도 한다. 조건문이란 문장을 순차적으로 처리하는 것이 아니라 선택적으로 처리하는 명령어로써 파이썬에서는 if-elif-else문의 키워드를 사용한다. 그리고 각 조건문 뒤에는 ':'을 항상 사용해야 하며 조건에 해당하는 문장은 라인을 맞춰서(들여쓰기) 코드를 작성해야 한다. 그림 Ⅲ-39는 절댓값을 구하기 위하여 조건문을 사용한 프로그램 흐름도이다. 절댓값을 구하기 위해서는 입력 값이 음수인지 아닌지 판단해야 한다.

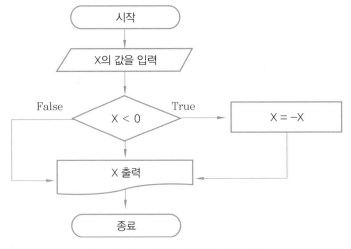

그림 Ⅲ-39 절댓값 구하기 관련 흐름도

이때 우리는 **그림 Ⅲ-39**에서 보는 것과 같이, 조건문(비교문)을 사용하여 문제를 해결할 수 있다. 입력되는 값이 음수이면 음수를 곱하여(−1) 양수로 만들어 출력하면 된다. 그리고 양수 이면 입력된 값을 그대로 출력하면 된다. 이처럼 조건문은 조건에 따라 선택적으로 처리할 수 있는 명령문이다.

2 조건문의 종류

조건문은 다음 표에서 보는 것과 같이, 크게 4종류의 형태로 구현될 수 있다. Case1 부분 은 if문만 사용했을 경우이며, if문의 조건식이 '참'인 경우에만 문장1과 문장2를 수행하게 된 다. Case2의 부분은 if문과 else문을 함께 사용했을 경우이다. if문의 조건식이 '참'인 경우 문 장1과 문장2가 수행되고 '거짓'인 경우에는 else문 아래의 문장3과 문장4를 수행하게 된다. Case3은 if의 조건식1이 거짓인 경우 elif문의 조건식2를 판단하고 '참'인 경우 문장3과 문장 4를 수행하게 된다. 만약 조건식2가 '거짓'인 경우 else문으로 내려와 문장5와 문장6을 실행하 게 된다. Case4는 여러 경우의 조건들을 판단할 때 elif문을 여러 번 사용하여 조건을 판단하 는 경우에 사용된다.

Case1	Case2	Case3	Case4
if 조건식 : 　　문장1 　　문장2 　　…	if 조건식 : 　　문장1 　　문장2 　　… else : 　　문장3 　　문장4 　　…	if 조건식1 : 　　문장1 　　문장2 　　… elif 조건식2 : 　　문장3 　　문장4 　　… else : 　　문장5 　　문장6 　　…	if 조건식1 : 　　문장1 　　문장2 　　… elif 조건식2 : 　　문장3 　　문장4 　　… elif 조건식n : 　　문장5 　　문장6 　　… else : 　　문장7 　　문장8 　　…

각 케이스를 흐름도로 표현하면 **그림 Ⅲ-40**에서 보는 것과 같다. Case2는 **그림 Ⅲ-40**의 흐름도를 참고하면 이해하기 쉽다.

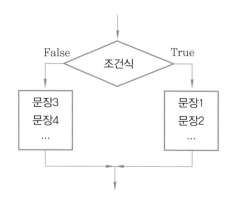

그림 Ⅲ-40   if-else문 사용에 대한 흐름도(Case2)

Case3은 **그림 그림 Ⅲ-41**과 같이 표현할 수 있다.

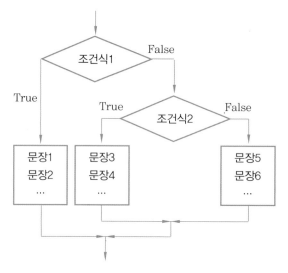

그림 Ⅲ-41   if-elif-else문 사용에 대한 흐름도(Case3)

Case4는 **그림 Ⅲ-42**와 같은 흐름도로 표현할 수 있다.

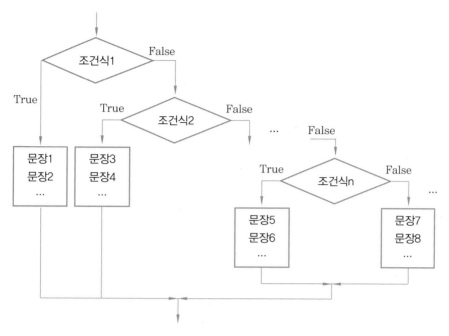

그림 Ⅲ-42 여러 조건을 사용한 흐름도(Case4)

> **tip**

• **eval( ) 함수** : expression 인자에 String 값을 넣으면 해당 값을 그대로 실행하여 결과를 출력한다.

[예제 코드]

```
# eval( ) 함수 비교 1
input_num = input("숫자를 입력하세요? ")
print("결과1 :", type(input_num), input_num)
input_num = eval(input("숫자를 입력하세요? "))
print("결과2 :", type(input_num), input_num)
# eval( ) 함수 비교 2
input_num = "10 + 10"
print("결과3 :", type(input_num), input_num)
input_num = eval("10 + 10")
print("결과4 :", type(input_num), input_num)
```

[출력 결과]

```
숫자를 입력하세요? 3
결과1 : ⟨class 'str'⟩ 3
숫자를 입력하세요? 3
결과2 : ⟨class 'int'⟩ 3
결과3 : ⟨class 'str'⟩ 10 + 10
결과4 : ⟨class 'int'⟩ 20
```

(1) 실습 예제 1 : if-else문을 사용한 결과 도출 예제

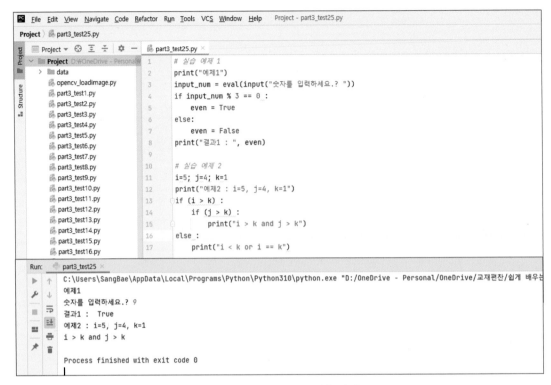

그림 Ⅲ-43   if-else문 사용 방법

(2) 실습 예제 2 : if-elif-else문을 사용한 결과 도출 예제

그림 Ⅲ-44   if-elif-else문 사용 방법

(3) 실습 예제 3 : 조건문에 대한 파이썬 코드 비교

그림 Ⅲ-45 ❶ 부분의 '비교 코드 1'과 ❷ 부분의 '비교 코드 2'의 결과는 동일하다. 하지만 '비교 코드 2'의 코드가 더 간결한 것을 확인할 수 있다. 그래서 많은 사람들이 '비교 코드 2'가 '비교 코드 1'보다 더 파이썬스러운 코드라고 말하고 있다.

그림 Ⅲ-45 조건문 비교

(4) 실습 예제 4 : if-elif문과 if-if문 비교

그림 Ⅲ-46 ❶ 부분의 '비교 코드 1'은 if-elif문을 사용한 예제이고, ❷ 부분의 '비교 코드 2'은 if-if문을 사용한 예제이다. '비교 코드 1'과 '비교 코드 2'의 수행 결과가 다른 이유는 '비교 코드 1'은 if 조건이 '참'이면 elif 조건을 확인하지 않는다. 하지만 '비교 코드 2'에서는 첫 번째 if 문이 '참'이라도 두 번째 if 문을 수행하게 된다. 그래서 '비교 코드 1'과 '비교 코드 2'의 결과가 다르게 출력된 것이다.

그림 Ⅲ-46   if-elif문과 if-if문 비교

(5) 인라인 조건 선택문

① **인라인 제어문** : 라인 내에 삼항 연산자를 이용하여 제어한다.

② **3항 연산자 사용에 관한 문법** : '[조건식]'이 참이면 '[True인 경우 수행문]'가 수행되고, 거짓이면 '[False인 경우 수행문]'이 수행된다.

> [True인 경우 수행문] if [조건식] else [False인 경우 수행문]

③ **3항 연산자를 사용한 조건 선택 예제** : 그림 Ⅲ-47 ❶의 '실습 예제 1'은 인라인 조건 선택문을 사용하여 작성한 코드이다. 그리고 ❷의 '실습 예제 2'는 if-else문을 사용하여 작성한 코드이다. 두 코드 모두 2개의 값 중에서 최댓값을 찾는 코드로써 출력 결과가 동일하지만, ❶ 부분의 코드가 더 간소화된 것을 확인할 수 있다. ❶ 부분의 코드는 C언어 문법에서는 볼 수 없는 방법이기에 많은 개발자들은 ❶ 부분의 코드를 파이썬스러운 코드라고 말하기도 한다.

그림 Ⅲ-47 인라인 조건 선택문 사용 방법

3-2   for문을 사용한 반복문

1 반복문의 종류와 특징

(1) 반복문(Loop)이란?

① **정의** : 특정 문장 집합을 여러 번 반복적으로 호출할 때 사용된다.

② **종류(반복문의 키워드)** : 파이썬 언어에는 for문과 while문이 있다.

③ 다음 표는 for문과 while문의 사용에 대한 문법 비교이다.

구분	for문	while문
문법	for 변수 in 리스트(또는 튜플, 문자열) : 　　　수행할 문장 1 　　　수행할 문장 2 …	while 〈조건식〉 : 　　　수행할 문장 1 　　　수행할 문장 2 …
예제 코드	[예제 코드] for i in range(0, 4) : 　　　print("반복문")	[사용 예제] i=0 while i < 4 : 　　　print("반복문") 　　　i = i + 1;
출력 결과	[출력 결과] 반복문 반복문 반복문 반복문	[출력 결과] 반복문 반복문 반복문 반복문

2 for문의 기본 개념

(1) for문 사용 문법

① for문은 다음과 같이, 일반적으로 2가지의 문법 체계를 가지며, 반복 횟수는 양의 정수이어야 한다. for문 아래의 반복 문장을 작성할 때는 꼭 들여쓰기를 해야 한다. 들여쓰기는 'Tap' 키를 사용하여 들여쓰기를 하면 된다.

문법 1	문법 2
for [카운트 변수] in [리스트 변수] : 반복해서 실행할 문장(명령)	for [카운트 변수] in range [반복 횟수] : 반복해서 실행할 문장(명령)
예제 코드	예제 코드
test_list = ["사과", "배", "포도"] for i in test_list : 　print(i)	test_cnt = 3 for i in range(test_cnt) : 　print(i)
[출력 결과] 사과 배 포도	[출력 결과] 0 1 2

or

② 위 코드의 '문법 1'에 대한 예제 코드 설명

[단계 1]   ["사과", "배", "포도"]   리스트의 첫 번째 요소인 "사과"가 먼저 'i' 변수에 대입된 후, 'print(i)' 문장을 수행한다.

[단계 2]   다음에 두 번째 요소 "배"가 'i' 변수에 대입된 후, 'print(i)' 문장을 수행한다.

[단계 3]   리스트의 마지막 요소인 "포도"가 'i' 변수에 대입된 후, 'print(i)' 문장을 수행한다.

[단계 4]   모든 리스트 요소를 선택했기 때문에 for문에 빠져나온다.

③ 위 코드의 '문법 2'에 대한 예제 코드 설명

[단계 1]   'test_cnt' 변수에 반복할 횟수를 3으로 정해 주었기 때문에 총 3회를 반복하게 된다. 따라서 첫 회 반복될 때 'i'의 카운트 변수에는 '0'이 할당되고 할당된 후에는 반복적으로 수행할 'print(i)' 문장을 수행한다. 카운터 변수는 반복 실행될 때마다 현재의 실행 횟수에 해당하는 숫자가 들어가게 되는데, 가장 처음 실행할 때는 아직 한 번도 실행한 적이 없기 때문에 '0'이 된다.

[단계 2]   반복할 문장이 끝나면 'i'의 카운트 변수에는 '1'이 할당되고 할당된 후에는 반복적으로 수행할 'print(i)' 문장을 수행한다.

[단계 3]   반복할 문장이 끝나면 'i'의 카운트 변수에는 '2'가 할당되고 할당된 후에는 반복적으로 수행할 'print(i)' 문장을 수행한다.

[단계 4]   반복 수행할 횟수가 끝났기 때문에 for문에 빠져나온다.

3 예제를 통해 배우는 for문의 이해 및 실습

(1) for문 + if문 사용 예제

① **문제** : 학생 5명이 시험을 보았는데 시험 점수가 60점을 넘으면 합격이고 60점 미만이면 불합격이다. 합격과 불합격을 판단하는 프로그램을 작성하시오. (5명에 대한 시험 점수는 각각 92점, 28점, 62점, 43점, 85점이다.)

② **예제 코드 설명** : 리스트 변수(score_list)에 학생들의 점수를 각각 입력한다. 그리고 for문을 통해 리스트 변수 안에 있는 데이터를 순차적으로 꺼내어 'score' 변수에 넣게 된다. 'score' 변수에는 학생들의 점수가 있기 때문에 이 점수를 if문을 사용하여 '60'보다 작은지 판단한 후, 결과를 'print( )' 함수를 사용하여 출력하게 된다. 'num' 변수는 학생들의 순번을 출력하기 위하여 for문이 반복 호출될 때마다 '1'씩 증가하는 형태로 구성한다.

그림 Ⅲ-48   수행 코드 및 결과

그림 Ⅲ-48 코드의 ❶ 부분은 for문과 함께 if-else문을 사용하여 문제를 해결한 결과이다. 그리고 ❷ 부분은 for문과 함께 인라인 조건 선택문을 사용하여 문제를 해결한 코드이다. 결과는 모두 동일하지만 파이썬 언어의 특징을 살린 코드는 ❷ 부분이라고 할 수 있다. C/C++ 언어에 익숙한 개발자들은 ❶ 부분의 코드가 익숙하고 코드 리뷰가 편할 것으로 생각된다.

(2) for문 + continue 함수 사용 예제

① **문제** : 학생 5명이 시험을 보았는데 시험 점수가 60점을 넘으면 합격이고 60점 미만이면 불합격이다. 합격 점수를 받은 학생만 검출하는 프로그램을 작성하시오. (5명에 대한 시험 점수는 각각 92점, 28점, 62점, 43점, 85점이다.)

- continue문 : for문 안의 문장을 수행하는 도중에 continue문을 만나면 for문이 있는 위치로 이동하게 된다.

② **예제 코드 설명** : 그림 Ⅲ-49 프로그램은 리스트 변수('score_list') 안에 있는 점수들 중에 60점 이상되는 학생만 분류하는 프로그램이다. 60점 미만의 학생들은 if문을 사용하여 각 점수가 60점 미만인지 판단하고 60점 미만의 경우에는 continue문을 사용하여 for문이 위치한 곳으로 이동하여 불합격인 학생에 대한 결과는 출력하지 않게 만든다.

그림 Ⅲ-49 수행 코드 및 결과

(3) for문 + range( ) 함수 사용 예제 1

① **문제 :** for문을 사용하여 1부터 6까지의 합을 구하고, 그 합계에 대한 결과 값을 6으로 나누어 최종 결과를 도출하시오.

- range( ) 함수 : 일련의 정수들로 이루어진 리스트를 결과 값으로 가진다.

  예 range(6) 라고 하면, [0, 1, 2, 3, 4, 5]를 생성('6'은 포함 안 됨.)

② **예제 코드 설명 :** range( ) 함수를 사용하여 리스트 데이터의 범위를 1부터 6까지 설정하고 생성된 리스트 데이터를 for문를 사용하여 반복적으로 리스트 데이터를 더해준다. 그리고 for문이 모두 끝나면 'add' 변수에 저장된 값을 'i' 변수로 나누어 결과를 도출한다. '%f'는 실수의 값을 출력할 때 사용되며, 나누기 연산을 수행하기 때문에 실수형 타입인 'float( )' 함수로 형 변환하여 출력하면 정확한 값을 얻을 수 있다.

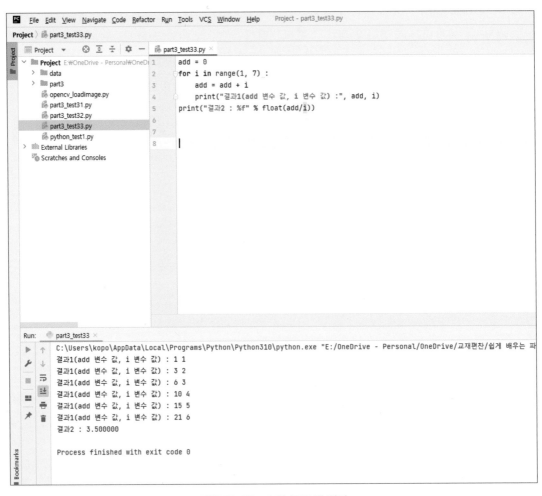

그림 Ⅲ-50　수행 코드 및 결과

(4) for문 + range( ) 함수 사용 예제 2

① **문제** : 5부터 10까지의 숫자 중 홀수만 출력하시오. 단, if문 사용 없이 for문과 range( ) 함수만 사용하여 결과를 도출하시오.

② **예제 코드 설명** : 그림 Ⅲ-51 프로그램의 '실습 예제 1'은 'in range(5)'를 통해 [0, 1, 2, 3, 4]의 리스트 데이터를 생성하여 'value' 변수를 통해 결과를 출력하는 프로그램이다. 그리고 '실습 예제 2'는 range( )함수 내에(range(5, 10, 2)) 생성 리스트 값의 범위를 5~9까지 설정하고 데이터 생성 시 증가 값을 2씩 증가하도록 설정하였다. 즉, 'in range(5, 10, 2)'로 설정하면 [5, 7, 9]의 리스트 데이터를 생성하고 'value' 변수를 통해 결과를 출력하게 하였다.

그림 Ⅲ-51 수행 코드 및 결과

(5) for문 + if문 + range( ) 함수 사용 예제

① **문제 :** 학생 5명이 시험을 보았는데 시험 점수가 60점을 넘으면 합격이고 60점 미만이면 불합격이다. 합격 점수를 받은 학생만 검출하는 프로그램을 작성하시오. (5명에 대한 시험 점수는 각각 92점, 28점, 62점, 43점, 85점이다.)

② **예제 코드 설명 :** 앞서 풀어 본 문제와 차이점은 range( ) 함수를 사용해보는 점과 리스트에 담긴 값을 하나씩 가지고와서 비교한다는 점이다. 그림 Ⅲ-52 프로그램의 '실습 예제 1'과 '실습 예제 2'의 결과는 같으며, 두 실습 예제 모두 합격 학생만 검출하는 프로그램이다. '실습 예제 1'에 대한 프로그램의 특징은 len( ) 함수를 사용하여 리스트 변수(score_list)의 길이를 구하여 반복 횟수를 만들고 'score_list' 변수의 값을 하나하나 비교하는 방법으로 합격자를 분류하였다. 그리고 '실습 예제 2'는 리스트 변수(score_list)의 값들을 'score' 변수가 받아서 if문으로 60점 이상의 점수에 해당하는 학생만 출력 코드로 구성되어 있다.

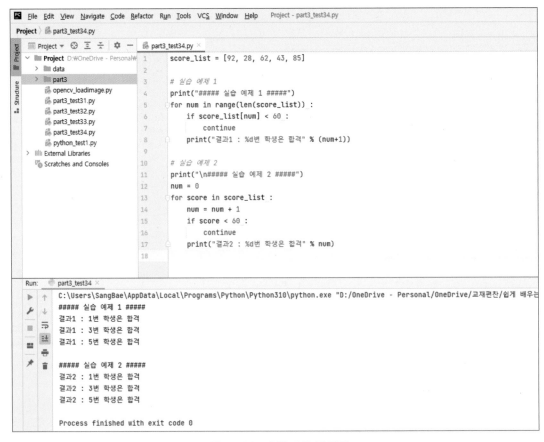

그림 Ⅲ-52   수행 코드 및 결과

(6) for문 + range( ) 함수 + if문 + break문 사용 예제

① **문제** : 0부터 9까지 반복되는 프로그램에서 숫자 5가 확인되면 반복을 멈추고 프로그램이 종료되는 코드를 작성하시오.

- break문 : for문에서 제어 흐름을 벗어나기 위해 사용된다.

② **예제 코드 설명** : for문을 사용하여 for문 안쪽 구문이 10번 반복되도록 'range(10)'으로 설정한다. 그리고 if문을 통해 변수 'i' 값이 5이면 break문을 통해 for문을 벗어나도록 프로그램을 구현하였다.

그림 Ⅲ-53　수행 코드 및 결과

4 for문 사용 시 continue문, break문, pass문의 차이점

(1) 프로그램으로 알아보는 continue문과 break문의 차이점

그림 Ⅲ-54 코드의 '실습 예제 1'에서 continue문을 사용한 코드는 데이터가 '0'보다 작으면 'sum' 변수와 더해주지 않고 for문 위로 올라가게 된다. 반면 break문을 사용한 코드에서는 데이터가 '0'보다 작으면 for문 안에서 빠져나오게 되어 더 이상 연산을 하지 않게 된다. 그래서 각각의 결과 값이 continue문을 사용했을 때는 변수 'sum'의 값이 '83'으로 출력되었고, break문을 사용했을 때는 변수 'sum'의 값이 '11'로 출력된다.

그림 Ⅲ-54   ontinue문과 break문의 차이점

(2) 프로그램으로 알아보는 pass문과 continue문의 차이점

pass는 실행할 것이 아무 것도 없다는 것을 의미한다. 즉, 아무런 동작을 하지 않고 다음 코드를 실행한다. 반면 continue문은 다음 순번의 loop를 실행한다.

그림 Ⅲ-55 pass문과 continue문의 차이점

5 리스트 내포(List Comprehension) 방식의 For문 사용 방법

(1) 리스트 내포 방식의 장점

좀 더 편리하고 직관적인 프로그램을 제작할 수 있다.

(2) 리스트 내포의 일반 문법

> [표현식 for 항목 in 반복 가능 개체 if 조건문]

(3) for문을 여러 개 사용할 때의 문법

> [표현식 for 항목 1 in 반복 가능 객체 1 if 조건문 1
> for 항목 2 in 반복 가능 객체 2 if 조건문 2
> …
> for 항목 n in 반복 가능 객체 n if 조건문 n]

(4) 일반적인 코드 구현 방법과 리스트 내포 방식으로 코드를 구현했을 때의 코드 비교

일반적인 코드	리스트 내포 방식 코드
data_list = [1, 2, 3, 4] result = [] for num in data_list : result.append(num*3) print("실습 예제 1 :", result)	result = [num*3 for in data_list] print("실습 예제 2 :", result)
[수행 결과] 실습 예제 1 : [3, 6, 9, 12]	[수행 결과] 실습 예제 2 : [3, 6, 9, 12]

(5) 문제로 풀어보는 리스트 내포(List Comprehension)형 실습 예제 1

① **문제** : 1부터 5까지 숫자 중에 2로 나누어 나머지가 0인 숫자만 선별하여 3을 곱한 수로 출력되는 프로그램을 작성하시오.

② **예제 코드 설명** : 1부터 5까지의 데이터가 기록된 리스트 변수(data_list)에서 짝수만 3을 곱하여 'result' 변수에 담고 싶다면 리스트 내포 안에 'if 조건'을 사용해야 한다. data_list 변수 안의 데이터들에서 짝수만 구하기 위해서는 조건식 'if num % 2 == 0'을 사용하면 된다. 조건식에서 사용된 '%' 연산자는 나머지를 구하기 위한 연산자이다. 그리고 3배의 숫자로 다시 가공하기 위해서 표현식에 'num * 3'을 수행하면 된다.

또한, 반환 값들은 리스트 타입으로 반환되며, 반환된 값들은 'result' 변수에 저장되도록 만들면 된다.

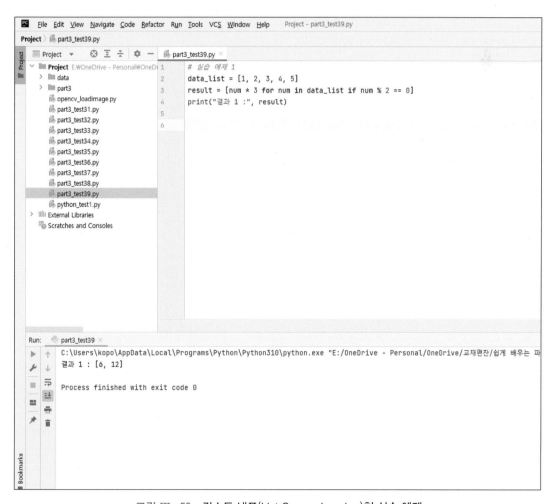

그림 III-56   리스트 내포(List Comprehension)형 실습 예제

(6) 문제로 풀어보는 리스트 내포(List Comprehension)형 실습 예제 2

① **문제** : 2단부터 9단까지의 구구단 결과를 출력하는 코드를 작성하시오.

② **예제 코드 설명** : 구구단의 모든 결과를 리스트 변수에 담고 싶다면 리스트 내포를 사용하여 간단하게 구현할 수 있다. 프로그램은 중첩 for문을 사용하여 구현될 수 있으며, 그림 Ⅲ-57 코드에서 'y'변수에는 1~9까지 반복되는 숫자를 담을 수 있게 선언하고, 'x' 변수에는 구구단의 2단부터 9단까지 구구단의 단수를 바꾸어 줄 수 있도록 만들면 된다.

그리고 표현식으로 'x*y'를 사용하여 두 변수(x, y)가 곱해 질수 있도록 작성한다. 결과 값은 리스트 타입으로 선언한 'result' 변수에 반환해주는 방법을 취하여 최종 결과를 도출하면 된다.

그림 Ⅲ-57 구구단 출력 결과

6 딕셔너리(Dictionary) 타입과 함께 쓰는 for문의 사용 방법

(1) 딕셔너리 이름으로 순회하면서 Key들을 불러오는 방법

실습 코드
| ```
data_dic = {'apple':1000, 'banana':2500, 'lemon':800, 'mango':1300}
for k in data_dic:
    print(k)
``` |
| **수행 결과** |
| apple
banana
lemon
mango |

(2) 딕셔너리 이름으로 순회하면서 Values들을 불러오는 방법

실습 코드
| ```
data_dic = {'apple':1000, 'banana':2500, 'lemon':800, 'mango':1300}
for k in data_dic.values( ):
    print(k)
``` |
| **수행 결과** |
| 1000
2500
800
1300 |

(3) Key와 Value 쌍을 묶어서 순회하며 출력하는 방법

실습 코드
| ```
data_dic = {'apple':1000, 'banana':2500, 'lemon':800, 'mango':1300}
for k in data_dic.items( ):
    print(k)
``` |
| **수행 결과** |
| ('apple', 1000)
('banana', 2500)
('lemon', 800)
('mango', 1300) |
```

(4) 딕셔너리를 순회하며 아이템을 쌍으로 가져오면서 Key 값은 'k'변수에, Value 값은 'v' 변
수에 대입하여 서식과 함께 출력하는 방법

실습 코드
data_dic = {'apple':1000, 'banana':2500, 'lemon':800, 'mango':1300} for k, v in data_dic.items( ):   print("{}은 {}원입니다.".format(k, v))
수행 결과
apple은 1000원입니다. banana은 2500원입니다. lemon은 800원입니다. mango은 1300원입니다.

7 중첩 루프(Nested Loop)

(1) 중첩 루프란?

'루프(Loop)'라는 용어는 반복을 의미하며, '중첩(Nested)' 이라는 것은 여러 개가 겹쳐진
것을 의미한다. 즉, 반복문을 여러 개 겹친 구조를 중첩 루프라고 한다.

다음은 중첩 루프에 대한 문법이며, 들여쓰기('tap' 키 사용)가 꼭 이루어져야 한다.

```
for [카운트 변수 1]  in [리스트 변수 1]  :
  for [카운트 변수 2]  in [리스트 변수 2]  :
    반복해서 실행할 문장(명령)
```

(2) 프로그램으로 알아보는 2차 리스트 생성 및 접근 방법

① **2차 리스트 생성 방법** : 그림 Ⅲ-58에서 보는 것과 같이, 2차 리스트는 '리스트명[행 수]
[열 수]'로 표현하면 된다. 그리고 2차 리스트의 데이터에 접근하는 방법은 대괄호('[ ]')
기호를 사용한다.

그림 Ⅲ-58 2차 리스트 구조

② **예제 코드 설명** : 그림 Ⅲ-59는 for문을 사용하여 2차 리스트를 만드는 방법에 대한 예제 코드이다. 코드 내에서의 '실습 예제 1'과 '실습 예제 2'는 동일한 결과가 도출된다. 하지만 코드 작성 방식에는 차이가 있다. '실습 예제 2'는 리스트 내포형으로 작성한 코드이다. 파이썬은 '실습 예제 2' 처럼 코드를 간단하게 만들 수 있는 있기 때문에 코드를 생성하는 가속성이 상당히 빠르다. 코드 내용을 살펴보면, 세로 크기만큼 반복하면서 안쪽 리스트로 사용할 빈 리스트(y_line)를 만든다. 그리고 가로 크기만큼 반복하면서 'x_line'에 'append( )' 함수로 'j' 변수에 할당된 값을 추가한다. 바깥쪽 for문에서는 다시 'append( )' 함수로 전체 리스트 'y_line'에 안쪽 리스트 'x_line'의 값을 추가하였다. 본 코드에서 사용한 'append( )' 함수의 특징 중 'append( )' 함수에 리스트를 넣으면 리스트 안에 리스트가 들어가는 특징을 활용하여 코드를 작성하였다. '실습 예제 3'은 2차원 리스트에 있는 데이터들 중에 특정 데이터를 선택하는 방법을 실습할 수 있는 예제이다. 'nested_loop[1][2]'을 살펴보면, 첫 번째 대괄호는 행을 뜻하며 두 번째 대괄호는 열을 뜻한다. 즉, 'nested_loop[1][2]'의 표현은 행으로 1번째, 열은 2번째이며 결과는 '203'을 출력하게 된다. 그리고 대괄호 안의 숫자는 '0' 인덱스(Index)부터 시작됨을 유의해야 한다.

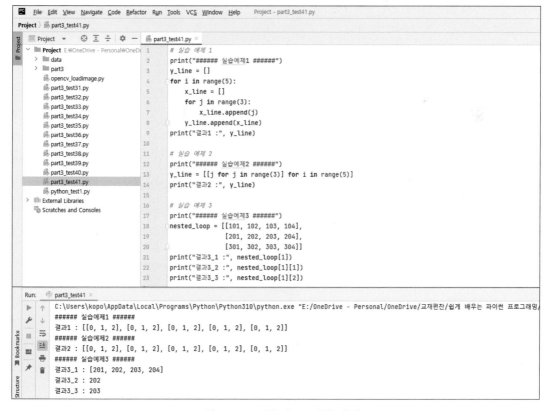

그림 Ⅲ-59 2차 리스트 실습 예제

(3) 다양한 중첩 루프(Nested Loop) 사용 예제

실습 예제 1

```
for i in range(5) :              #5번 반복. 바깥쪽 루프는 세로 방향
    for j in range(5) :          #5번 반복. 안쪽 루프는 가로 방향
        print('j:', j, sep='', end=' ')   #j값 출력. end에 ' '를 지정하여 줄 바꿈 대신 한 칸 띄움
    print('i:', i, '\n', sep='')  #i값 출력. 가로 방향으로 숫자를 모두 출력한 뒤, 다음 줄로 넘어감
                                  #print는 기본적으로 출력 후, 다음 줄로 넘어감
```

수행 결과

```
j:0 j:1 j:2 j:3 j:4 j:0
j:0 j:1 j:2 j:3 j:4 j:1
j:0 j:1 j:2 j:3 j:4 j:2
j:0 j:1 j:2 j:3 j:4 j:3
j:0 j:1 j:2 j:3 j:4 j:4
```

실습 예제 2

```
x = int(input("출력을 반복할 횟수 : "))
for i in range(1, x+1) :
    print(i, "번째 실행")
    for j in range(1, 6) :
        print(j, end=" ")
    print( )
```

수행 결과

```
출력을 반복할 횟수 : 3
1 번째 실행
1 2 3 4 5
2 번째 실행
1 2 3 4 5
3 번째 실행
1 2 3 4 5
```

3-3 while문을 사용한 반복문

1 while문의 기본 구조

(1) while문

① 반복해서 문장을 수행해야 할 경우 while문을 사용한다.

② while문은 조건문이 참(True)인 동안에 while문 안쪽의 문장이 반복해서 수행된다.

사용 문법	예제 코드
while 〈조건〉 : 　　〈수행할 문장 1〉 　　〈수행할 문장 2〉 　　…	num = 1 while num 〈 5 : 　print("결과 : %d" % num) 　num = num + 1

2 예제를 통해 배우는 while문의 활용 및 실습

(1) while문 + if문 + break문 사용 방법

● 예제 코드 설명 : 그림 Ⅲ-60 코드는 반복문을 사용하여 남은 커피 수와 가격을 계산하는 자동화 프로그램이다. 그리고 'coffee' 변수의 값이 '0'과 같을 때 while문에서 강제로 빠져 나가기 위하여 break문을 사용한 예제이다.

그림 Ⅲ-60 실습 예제

(2) while문 + if문 + continue문 사용 방법

- 예제 코드 설명 : while문으로 인해 프로그램이 반복적으로 실행되다가 continue문을 만나면 'continue' 사용 라인의 아래 코드를 수행하지 않고 while문의 조건을 판단하는 곳으로 점프하게 되어 if 조건에 해당하는 결과는 수행되지 않는 결과를 확인할 수 있는 예제 코드이다. 즉, 'num' 변수 값이 '5'일 때는 화면에 '5'가 출력되지 않은 채로 다시 while문의 조건식(num < 10)으로 이동한다.

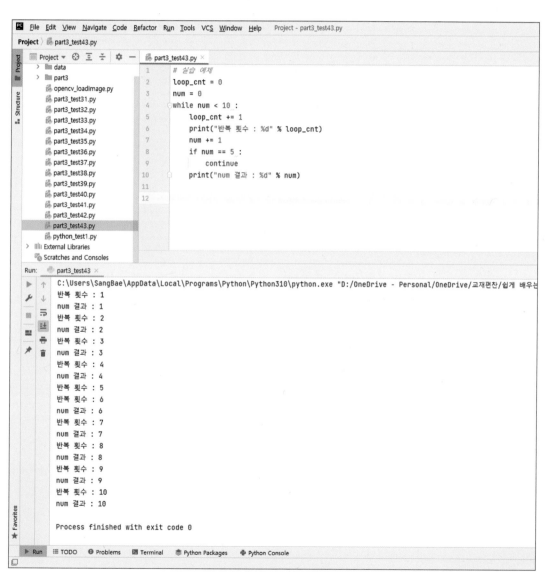

그림 Ⅲ-61 실습 예제

(3) while문의 무한 루프 처리

① 무한 루프

무한히 반복한다는 의미로 while문의 반복을 무한루프로 만들기 위해서는 조건식에 'True'를 입력하거나 '0' 또는 'False'가 아닌 숫자의 값을 조건식에 사용하면 된다. (저자는 정수 '1'처럼 'True'로 인식하는 다른 값도 가능하나 'True'를 추천한다.) 그리고 의도적인 무한루프가 아니라면 반드시 무한루프를 빠져나가는 코드를 넣어야 한다. 무한 루프 진행 상황에서 강제로 빠져나오고 싶다면 'Ctrl + c' 키보드 인터럽트를 써서 빠져나오면 된다.

② 무한 while문의 기본 구조

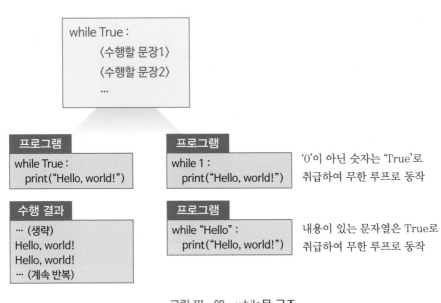

그림 Ⅲ-62 while문 구조

---

tip
- **모듈(module)** : 특정 기능을 .py 파일 단위로 작성한 것
- **패키지(package)** : 특정 기능과 관련된 여러 모듈을 묶은 것
- **파이썬 표준 라이브러리(library)** : 파이썬에 기본으로 설치된 모듈과 패키지

(4) 예제를 통해 배우는 while문과 for문의 차이점

① **문제** : 학급 학생의 키를 조사하여 가장 작은 키, 가장 큰 키, 평균 키를 구하는 프로그램을 만들어 보자. (학생의 키 데이터는 리스트형으로 작성)

② **실습 예제 코드 1**

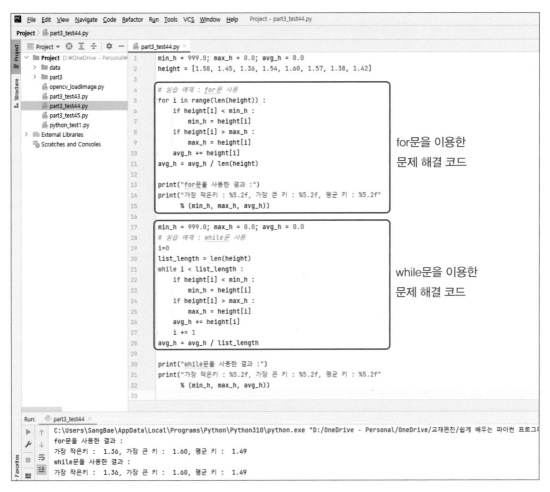

그림 Ⅲ-60 실습 예제

③ 다음 예제는 while문과 for문을 사용하지 않고 Python에서 제공하는 함수와 Packages를 사용하여 동일한 결과를 추정하는 방법이 있다. Python에서 제공하는 함수를 사용하거나 'numpy' 패키지에서 다운 받아서 'numpy'에서 제공해 주는 함수를 사용하면 사용자가 제어문을 이용하여 알고리즘을 작성하지 않아도 쉽게 프로그램을 만들 수 있다.

['import' 사용] 사용할 package를 호출/선언하는 과정으로 C#에서 사용하는 using, C언어에서 사용하는 include 등과 비슷한 개념으로 생각하면 된다. import 방법은 크게 2

가지 방법이 있다. 첫 번째는 'import 모듈' 방법이다. 이 방법은 모듈의 전체를 가져오 겠다는 뜻이다. 두 번째는 'from 모듈 import 이름'을 사용하면 모듈 내에서 필요한 것만 가져오는 방법이다.

['as' 사용]　사용할 패키지(모듈)명을 줄여서 사용할 때 as를 사용한다. 코드 안에서는 줄인 코드명 다음에 닷('.')을 사용하여 함수를 호출한다.

[package 사용]　python은 다양한 packages가 존재하기 때문에 packages를 많이 활 용할수록 프로그램 개발 속도를 높일 수 있다.

● 실습 예제 코드 1 : python 제공 함수 사용

실행 코드
height = [1.58, 1.45, 1.36, 1.54, 1.60, 1.57, 1.38, 1.42] min_h = min(height) max_h = max(height) avg_h = sum(height) / len(height) print("내장 함수를 사용한 결과 :") print("가장 작은 키 : %5.2f, 가장 큰 키 : %5.2f, 평균 키 : %5.2f" 　　% (min_h, max_h, avg_h))
수행 결과
내장 함수를 사용한 결과 : 가장 작은 키 : 1.36, 가장 큰 키 : 1.60, 평균 키 : 1.49

● 실습 예제 코드 2 : 'numpy' package에서 제공하는 함수를 사용

실행 코드
import numpy as np height = [1.58, 1.45, 1.36, 1.54, 1.60, 1.57, 1.38, 1.42] min_h = np.min(height) max_h = np.max(height) avg_h = np.sum(height) / len(height) print("Package를 사용한 결과 :") print("가장 작은 키 : %5.2f, 가장 큰 키 : %5.2f, 평균 키 : %5.2f" 　　% (min_h, max_h, avg_h))
수행 결과
Package를 사용한 결과 : 가장 작은 키 : 1.36, 가장 큰 키 : 1.60, 평균 키 : 1.49

연습 문제

1. 양의 정수(n)를 입력받아 입력받은 수에 2를 곱하는 프로그램을 작성하시오.

- (필수) 0을 입력하면 프로그램은 자동 종료됨.
  음의 정수를 입력하면, 에러 메시지를 출력 후 다시 입력하도록 처리.

- (수행결과)

```
정수 (n)을 입력해주세요 :
2
정답은 2 * 2 = 4 입니다.
3
정답은 3 * 2 = 6 입니다.
14
정답은 14 * 2 = 28 입니다.
-1
에러: 입력한 수가 양의 정수가 아닙니다. 다시 입력해주세요.
0
프로그램을 종료합니다.
```

2. 사용자로부터 정수 n을 입력받아, n 이하의 자연수 중에서 3의 배수이거나 5의 배수인 숫자들의 합을 계산하는 프로그램을 작성하시오.

- (필수) 선택문과 반복문 사용

- (수행 결과)

```
start num: 1
end num: 10
1부터 10까지의 자연수 중에서 3의 배수이거나 5의 배수인 숫자들의 합은 33입니다.
```

3. 사용자로부터 입력받은 자연수 'n'이 소수인지 판별하는 프로그램을 작성하시오.

　• (필수) 반복문 1번만 사용

　• (수행 결과)

```
자연수를 입력하세요 : 7
7은(는) 소수입니다.
```

　• (심화 과정)
　1부터 사용자로부터 입력받은 자연수 'n'까지의 소수의 개수를 구하는 프로그램을
　작성하시오.

4. 사용자로부터 양의 정수 n을 입력받아 1부터 n까지의 합을 계산하는 프로그램을 작성하시오.

　• (수행 결과)

```
양의 정수를 입력하세요 : 10
1부터 10까지의 합은 55입니다.
```

5. 사용자가 입력한 정수 리스트에서 짝수와 홀수를 분리하는 프로그램을 작성하시오.

　• (사용 데이터) num_list = [1, 2, 3, 4, 5, 6, 7, 8, 9, 10]

　• (필수) 반복문과 조건문 사용

　• (수행 결과)

```
짝수 : [2, 4, 6, 8, 10]
홀수 : [1, 3, 5, 7, 9]
```

6. 사용자로부터 숫자 n을 입력받아 n×n 크기의 별(*)로 이루어진 정사각형 모양의 결과가
출력될 수 있도록 프로그램을 작성하시오.

• (수행 결과)

```
숫자를 입력하세요? 3
***
***
***
```

7. 주어진 리스트에서 최댓값과 최솟값을 찾는 프로그램을 작성하시오.

• (사용 데이터) num_list = [3, 2, 7, 1, 9, 5, 8, 6, 4]

• (필수) 반복문과 조건문 사용

• (수행 결과)

```
최댓값 : 9
최솟값 : 1
```

8. 1부터 20까지의 숫자 중 랜덤한 숫자를 생성하고 사용자가 해당 숫자를 10번 이내로 맞추
면 "정답입니다!" 를 출력하고, 10번 초과 시 정답을 알려주는 프로그램을 작성하시오.

• 힌트 'import random' : random 라이브러리를 import

'number = random.randint(1, 20)' : 무작위의 int형 정수를 number에
저장

• (필수) 사용자가 숫자를 입력하면 입력된 숫자가 정답보다 큰지 작은지 출력

9. 주어진 딕셔너리형의 데이터로부터 key 값과 value 값을 분리하여 각각의 결과를 리스트에 담아 출력하는 프로그램을 작성하시오.

- (사용 데이터) snack = {'포카칩': 1200, '스윙칩':1100, '껌':500, '물':400, '콜라':1000}

- (수행 결과)

```
['포카칩', '스윙칩', '껌', '물', '콜라']
[1200, 1100, 500, 400, 1000]
```

10. dictionary 형식으로 영한사전 프로그램을 작성해 보자.

- (필수 기능) 단어 추가, 뜻 검색, 종료

- (수행 결과)

```
1. 단어 추가
2. 뜻 검색
3. 종료
원하는 동작을 선택하세요 : 1
추가할 영어 단어를 입력하세요 : Dog
입력한 영단어의 뜻을 입력하세요 : 강아지
Dog가 사전에 추가되었습니다.
1. 단어 추가
2. 뜻 검색
3. 종료
원하는 동작을 선택하세요 : 2
검색할 단어를 입력하세요 : Dog
Dog : 강아지
1. 단어 추가
2. 뜻 검색
3. 종료
원하는 동작을 선택하세요 : 3
프로그램을 종료합니다.
```

제 **4** 부

파이썬 프로그래밍
중급

〈그림자료 : https://velog.io/@yeonu/파이썬-세트〉

단원소개

　이 단원에서는 파이썬 프로그램 전문가에 조금 더 다가갈 수 있도록 프로그램을 분할하고 최적화하여 효과적인 프로그램을 구현할 수 있는 방법을 학습한다. 또한 파이썬 언어는 객체지향 프로그래밍이 가능하기 때문에 파이썬에서 객책지향 프로그램을 구현하는 방법에 대해 학습한다. 그리고 외부 디렉터리에 접근하여 파일 읽기, 쓰기, 생성, 복사 방법을 예제를 통해 실습하게 된다.

프로그램 분할 및 간소화 기법

제 1 장

> 🔍 학습 목표
> 1. 반복적으로 수행되는 코드를 함수와 모듈로 구현하여 코드를 간소화할 수 있다.
> 2. 함수와 모듈의 차이를 설명할 수 있으며 각각의 특징을 구분하여 코드에 적용할 수 있다.

1-1 함수 및 인수 전달 방법

1 함수(Function)

(1) 함수의 정의

- 복잡한 문제는 분해하고, 반복적인 작업은 함수로 변환한다.
- 각 함수는 입/출력 인자를 통해 정의되고 실행된다.
- 키워드 'def' 다음에 '함수명( )'을 사용한다.
- 인수(Arguments) : 함수가 호출될 때, 함수 내부에서 활용될 데이터를 전달하는 것을 의미한다.

(2) 함수 사용의 이점

- 프로그램을 수정하고 재사용하기 용이하다.
- 프로그램을 이해하는 데 도움이 된다.
- 함수를 반복 호출하면 프로그램의 크기를 줄일 수 있다.

(3) 함수 생성 방법(그림 Ⅳ–1 참조)

① **함수 사용 방법 1** : 인자나 반환 값이 없는 기본 형태의 함수를 생성한다.

② **함수 사용 방법 2** : '함수 사용 방법 1'에서 인수들을 추가하는 방법이다. 인수의 개수는 개발자에 의해 결정되며 인수는 일반 변수, 리스트 변수, 튜플, 딕셔너리 타입 모두 가능하다. 단, 인수의 추가는 개발자에 의해 여러 개 생성할 수 있지만 너무 많이 생성하면 함수의 인수 관리가 어렵기 때문에 리스트 등의 형태로 만들어 인수에 넘기는 형태가 더 현

명한 방법이다.

③ **함수 사용 방법 3** : '함수 사용 방법 1'에서 리턴문(반환 값, 키워드 : return)을 추가한 경우이다. 'return'은 함수에서 결과 값을 반환해주는 기능을 하며, 'return'이 실행되면 함수를 빠져나온다는 특징도 가지고 있다.

④ **함수 사용 방법 4** : 인수(Argument)와 리턴문(반환 값)을 모두 사용한 방법이다.

함수 사용 방법 1	함수 사용 방법 2
def 함수명( ) : 　　프로그램 문장1 　　프로그램 문장2 　　…	def 함수명(인수1, 인수2, …) : 　　프로그램 문장1 　　프로그램 문장2 　　…
함수 사용 방법 3	**함수 사용 방법 4**
def 함수명( ) : 　　프로그램 문장1 　　프로그램 문장2 　　… 　　return 값, …n	def 함수명(인수1, 인수2, …) : 　　프로그램 문장1 　　프로그램 문장2 　　… 　　return 리스트, 튜플, …

그림 Ⅳ-1　함수 사용에 대한 4가지 방법

함수 사용 방법 예시	함수 사용 방법 예시
def 함수명(Word) : 　　print(Word +"입니다.") 　　Word = Word + "입니다." 　　return Word	def 함수명(num1,num2) : 　　Result = num1 + num2 　　return Result

그림 Ⅳ-2　함수 사용 예시

(4) 일반 코드 vs. 함수 사용 코드 비교

그림 IV-3의 '실습 코드 1'은 일반적인 코드 작성 방법으로 작성된 코드로써, 반복되는 연산에 대해 출력문(print( ))을 4번 사용하여 결과를 도출한 내용이다. 반면에 '실습 코드 2'는 함수를 사용한 코드로써, 반복되는 구문을 함수로 만들어 결과를 도출한 내용이다. 두 코드를 보면 함수를 사용한 '실습 코드 2'가 더 심플하고 간략하게 코드를 작성한 것을 확인할 수 있다.

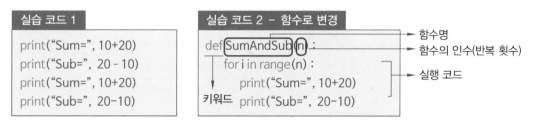

그림 IV-3 일반 코드 vs. 함수 사용 코드 비교

'실습 코드 1' 및 '실습 코드 2' 둘 중 어느 것을 사용하더라도 실행 결과는 동일하다. 그 이유는 함수의 인자(n)에 '2'를 부여했기 때문에 함수 내에서 for문이 2회 반복되었기 때문이다.

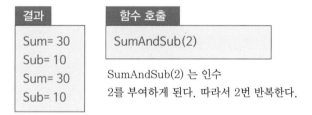

2 함수의 인수(Argument) 전달 방법

(1) 함수의 인수

함수 정의 시, '함수명' 다음의 괄호 안은 전달받은 인수들을 나타낸다.

(2) 매개변수 지정을 통한 함수의 인수 전달 방법

그림 IV-4에서 보는 것과 같이, 함수의 실행은 함수를 호출하는 단계와 함수를 실행하는 단계, 함수를 종료하는 단계를 거치게 된다. 다음 '실습 코드'는 'Add_Method' 함수를 호출하고 함수 인자 'num1'과 'num2'에 각각 '100', '150'의 값을 전달하여 연산을 수행한 후, 'result' 변수에 연산 결과를 반영하도록 만든 함수이다.

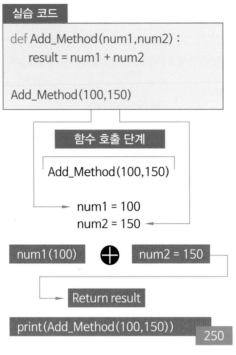

그림 Ⅳ-4　매개변수 지정 함수 사용

(3) 함수의 인수(인자) 전달 방법의 종류 및 특징

① **함수의 인자에 데이터가 전달되는 순서 :** 함수 선언 시, 명시한 매개변수의 순서에 따라 언제나 순서대로 저장된다.

실습 예제 1	수행 결과
def sub(a, b) : 　　print(a − b) sub(1, 2) sub(a=1, b=2) sub(b=1, a=2)	−1 −1 1

② **매개변수의 기본 값 설정(Default Parameters)**

　ⓐ 함수를 호출할 때 명시된 매개변수의 개수보다 적거나 많은 인수를 전달할 경우 'Type Error'가 발생한다.

　ⓑ 함수를 선언할 때 미리 매개변수의 기본 값을 설정해 놓으면, 함수 호출 시 전달받지 못한 인자에 대해서는 설정해 놓은 기본 값으로 자동 초기화할 수 있다.

ⓒ 다음 예제에서 '실행할 수 없는 코드'의 결과 에러가 발생하는 이유는 'b'의 인자에 전달될 값이 없기 때문이다. 'total(1)'에서 '1'은 'a' 인자에 할당되는 데이터이다.

실습 예제 2	수행 결과
def total(a, b=5, c=10) : print(a + b + c) total(1) total(1, 2) total(1, 2, 3)	16 13 6
실행할 수 없는 코드	
def total(a=5, b, c=10) : print(a + b + c) total(1)	

③ 가변 매개변수 설정(Variable Parameters)

ⓐ 가변 매개변수 : 매개변수명 앞에 별(*) 기호를 추가하여 선언한다. 함수가 호출될 때 전달된 모든 인수가 튜플(tuple)의 형태로 저장된다. 가변 매개변수를 사용하는 이유는 함수를 호출할 때, 몇 개의 인수가 전달될지 미리 알 수 없을 경우 사용된다.

가변 매개변수 사용 문법 1	
def 함수명(*매개변수명) 실행할 코드 1 실행할 코드 2	
실습 예제 3	**수행 결과**

def add(*paras) :
    print(paras)
    total = 0
    for para in paras :
        total += para
    return total
 	
print(add(10))
print(add(10, 100))
print(add(10, 100, 1000))
	(10,)
	10
	(10, 100)
	110
	(10, 100, 1000)
	1110

ⓑ 가변 매개변수로 딕셔너리를 사용하려면, 하나의 별(*) 기호가 아닌 두 개의 별(**) 기호를 선언해야 한다.

가변 매개변수 사용 문법 2	
def 함수명(**매개변수명)	
실행할 코드 1	
실행할 코드 2	
......	
실습 예제 3	**수행 결과**

def print_map(**dicts) :
    for item in dicts.items( ) :
        print(item)
 	
print_map(하나=1)
print_map(one=1, two=2)
print_map(하나=1, 둘=2, 셋=3)
	('하나', 1)
	('one', 1)
	('two', 2)
	('하나', 1)
	('둘', 2)
	('셋', 3)

1-2 continue문과 pass문, break문의 차이

1 continue문과 pass문, break문

(1) pass문

프로그램 작성 시, 실행할 코드 내용이 없는 경우에 사용되며, 'pass'를 만나면 다음 구문을 계속해서 실행한다.

(2) continue문

반복문 내의 조건문 안에서 많이 사용되며, 반복문 내의 조건문 안에서 'continue'를 만나면 바로 다음 순서의 loop를 수행한다.

(3) break문

반복문 내의 조건문 안에서 많이 사용되며, 반복문 내의 조건문 안에서 'break'를 만나면 loop 밖으로 빠져나가게 된다.

2 예제로 배우는 continue문 예시

다음 코드를 보면 if문의 조건으로 'i'가 3의 배수('3'으로 나누었을 때 나머지가 '0'인 경우) 인 경우에 'continue'가 실행된다. continue문이 실행되면 continue문의 아래 코드는 실행 되지 않고 해당 순번의 loop로 넘어가 다음 순서의 loop를 실행하게 된다. 즉, if문 안에 있는 print문과 if문 밖의 print문 둘 다 실행되지 않고 다음 loop로 넘어가게 된다.

실습 예제	수행 결과

for i in range(10) :
  if i % 3 == 0 :
    continue
    print(i)
  print(i)
	1
	2
	4
	5
	7
	8

다음 예제는 continue 문을 이용하여 홀수인 경우는 무시하고 짝수인 경우에만 제곱 연산 을 수행한 후, 'answer' 리스트에 데이터를 추가하는 내용이다. 추가된 데이터들은 for문이 종료되면 'answer' 리스트 내용을 출력하게 된다.

실습 예제	수행 결과

numbers = [1, 2, 3, 4, 5, 6, 7] :
answer = []
for i in numbers:
  if i % 2 !=0:
    continue
  answer.append(i ** 2)
print(answer)
	[4, 16, 36]

3 예제로 배우는 pass문 예시

다음 예제 코드는 반복문 안에서 if문을 사용해서 짝수인 경우와 짝수가 아닌 경우로 나누 어 결과를 도출할 수 있게 하였다. 짝수인 경우 'pass'를 만나게 되고 'pass'가 수행된 후에는 print문이 수행되면서 0~9까지의 수에서 짝수를 전부 출력하게 된다.

즉, pass문은 반복문 안에서 전혀 영향을 끼치지 않는다. 따라서 pass문이 사용되는 경우는 첫 번째, 조건문 안에 수행할 내용이 없을 경우, 두 번째 class를 선언할 때, 생성자 안에 넣어줄 내용이 없을 때 많이 사용하게 된다.

실습 예제	수행 결과
for i in range(10) : 　if i % 2 == 0 : 　　pass 　　print(i) 　else : 　　print(i)	0 1 2 3 4 5 6 7 8 9

4 예제로 배우는 break문 예시

다음 코드는 반복문 안에서 if문 사용을 통해 짝수인 경우와 짝수가 아닌 경우로 나누어 결과를 도출할 수 있게 하였다. 짝수인 경우 break문을 만나게 되고 break가 실행되면 해당 반복문을 멈추고 반복문 밖으로 빠져나가게 된다. 처음 'i'는 '0'에서부터 시작되며 'i == 0'인 상태에서 조건문이 실행된다. 나머지가 '0' 이므로 if 조건문으로 들어가 'break'가 실행된다. 그리고 'break'에 의해 for문이 종료되고 'print("Done")'만 실행된다.

실습 예제	수행 결과
for i in range(10) : 　if i % 2 == 0 : 　　break 　　print(i) 　else : 　　print(i) print("Done")	Done

다음 코드는 'numbers' 리스트를 순회하면서 각 숫자가 '5'보다 큰지 확인하고 만약 '5'보다 큰 숫자를 찾으면 해당 숫자를 출력하고 'break'를 만나면 for 루프에서 빠져나오게 된다.

실습 예제	수행 결과

numbers = [1, 3, 4, 6, 7, 8]
 	
for i in numbers:
  if i > 5:
    print(i)
    break
	Done

1-3 프로그램 디버깅

1 디버그(Debug) 사용 방법

(1) 디버깅(Debugging)이란?

파이썬 코드에서 버그(오류)를 찾고 수정하는 과정을 말한다. 디버깅을 통해 코드의 오류를 해결하고 정상적으로 작동하도록 할 수 있다.

(2) 다양한 디버깅 방법

① **print( )문 사용** : 코드에서 변수의 값을 출력하거나, 함수의 반환 값을 확인하며 오류를 찾는 방법으로 사용할 수 있다. 이 방법은 단순하고 빠르게 오류를 확인할 수 있지만 복잡한 프로그램에서는 한계가 있다.

② **파이썬 내장 디버거 사용** : Python은 디버깅을 위해 'pdb'라는 Python Debugger 모듈을 제공하고 있다. 이 디버거는 'Step over', 'Step into', '중단점(breakpoint)' 설정, 콜 스택 검사, 소스 리스팅, 변수 치환 등 다양한 기능을 가지고 있다. PDB를 사용하여 디버깅 모드로 진입하게 되면, (PDB) 프롬프트가 나오게 되는데 여기서 여러 PDB 명령을 사용할 수 있다. 즉, 다음 문장을 실행하거나(next), 변수 값을 프린트하거나(print), 소스 코드를 리스팅하거나(list), 함수 안으로 들어가거나(step into) 하는 일들을 PDB 명령을 사용하여 실행할 수 있다.

PDB 명령어	실행 내용
help	도움말
next	다음 문장으로 이동
print	변수 값 화면에 표시
list	소스 코드 리스트 출력. 현재 위치 화살표로 표시됨
where	콜스택 출력
continue	계속 실행. 다음 중단점에 멈추거나 중단점 없으면 끝까지 실행
step	Step Into 하여 함수 내부로 들어감
return	현재 함수의 리턴 직전까지 실행
!변수명 = 값	변수에 값 재설정

③ **IDE 내장 디버거 사용** : PyCharm, PTVS, Spyder와 같은 IDE는 UI에서 쉽게 디버깅을 할 수 있는 기능을 제공하고 있다. 일반적으로 코드 상에 중단점(Breakpoint)을 지정하고 디버깅 실행 버튼을 눌러 디버깅을 시작한다. 그리고 'Step Over', 'Step Into' 등의 버튼을 사용하여 디버깅을 진행하면 된다.

(3) 중단점(Break Point) 지정 방법

Pycharm에서 코드를 작성한 후 디버깅이 필요한 라인의 좌측 회색부분에 마우스를 올려놓고 좌측 마우스 버튼을 클릭하면 빨간색 브레이크 포인트가 지정된다.

2 프로그램 디버깅 방법 실습

(1) 디버그 모드 실행 방법

[단계 1] 디버깅이 필요한 코드 라인의 좌측 회색부분에 마우스를 올려놓고 마우스 좌측 버튼
을 클릭하면 빨간색 브레이크 포인트(중단점, Break Point)가 설정된다.

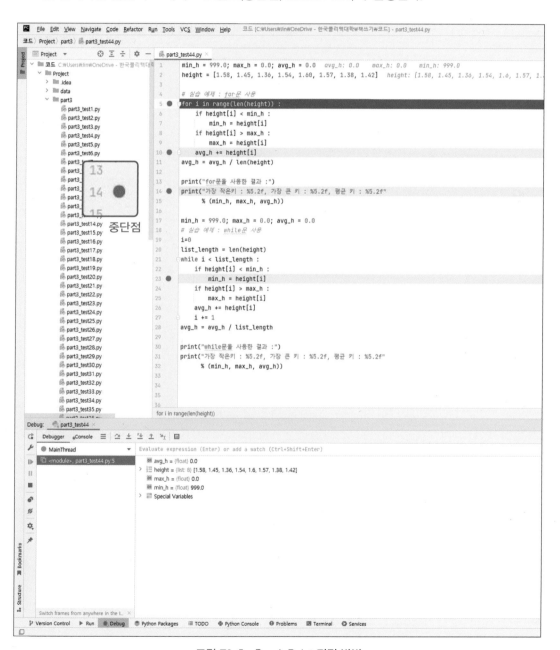

그림 Ⅳ-5 Break Point 지정 방법

[단계 2] Pycharm 코드가 작성된 곳에서 마우스 오른쪽 버튼을 클릭하면 그림 Ⅳ-6과 같은 팝업이 뜨게 된다. 빨간색으로 표시된 'Debug' 버튼을 누르면 현재 페이지의 코드가 디버그 모드로 실행된다. 디버그 모드는 Break Point가 지정된 라인에서 코드 실행이 멈추게 된다.

그림 Ⅳ-6 Debug 모드 실행 방법 1

디버깅 모드를 실행하는 다른 방법으로는 Pycharm 상단에 있는 Debug 아이콘 버튼을 클릭하면 코드가 작성된 곳에서 마우스 오른쪽 버튼을 클릭하지 않고 Debug 모드를 실행시킬 수 있다.

그림 Ⅳ-7 Debug 모드 실행 방법 2

[단계 3] 디버깅이 실행되면 중단점(Break Point)이 찍혀 있는 라인에서 코드 진행이 정지된다.

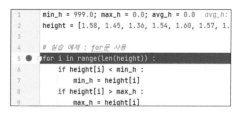

그림 Ⅳ-8 Debug 모드 실행

(2) 디버깅 도구

Debug 모드가 실행되면 파이썬 하단에 디버깅 도구 및 현재 위치까지의 변수들의 값을 모니터링 할 수 있다.

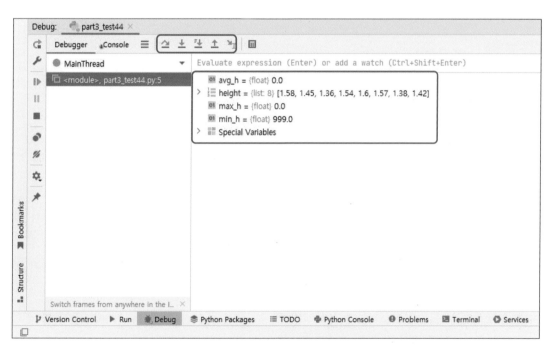

그림 Ⅳ-9 Debug 실행 결과 및 모니터링

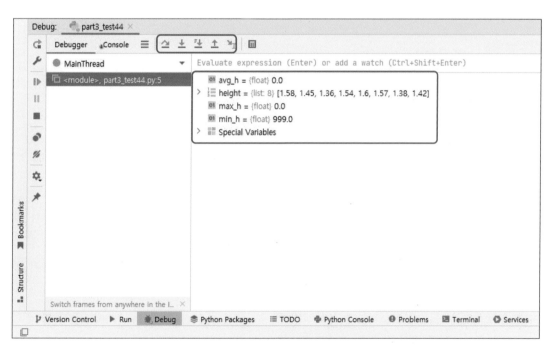 Step Over(단계 건너뛰기) : 현재 줄의 코드를 실행한 후, 다음 줄로 이동한다. 현재 코드 라인에서 함수 호출이 포함되어 있다면, 함수를 완전히 실행하고 결과를 반환한 후에 다음 줄로 이동한다. (함수 내부로 들어가지 않고 실행을 계속함)

⬇️ Step Into(단계 들어가기): 현재 줄의 코드를 실행하고, 만약 함수 호출이 포함되어 있다면 해당 함수 내부로 이동하여 함수의 첫 번째 줄에서 멈춘다. 함수의 내부 로직을 단계별로 확인할 때 사용한다.

⬇️ Step into My Code(내 코드 단계 들어가기) : Step Into 기능과 유사하지만 차이점이 있다. 현재 줄에서 함수의 호출이 발생되면 사용자가 작성한 코드 내부로 들어가며, 라이브러리 코드나 다른 외부 코드는 건너뛰는 기능을 가지고 있다.

⬆️ Step Out(단계 나가기) : 현재 실행 중인 함수를 완전히 실행하고, 호출한 위치로 돌아와 다음 줄에 멈춘다. 함수 내부에서 이미 문제가 없음을 확인한 경우, 함수 외부로 빠져나와 실행을 계속할 때 사용한다.

1-4 모듈(Module)

1 모듈의 정의

(1) 파이썬에서 모듈이란?

① '프로그램의 기능 단위'를 의미하며 파일 단위로 작성된 파이썬 코드를 모듈이라고 한다. 구현된 파이썬 코드 파일을 다른 파이썬 파일의 코드에서 공유해서 사용할 수 있도록 하기 위해 모듈(module)을 활용한다. 즉, 모듈은 하나의 파이썬 소스 코드 파일이며, 확장자로 '.py'가 사용된다. 모듈 내에는 서로 연관된 함수와 클래스 등으로 구현된 내용이 저장되어 있다.

② **사용 방법** : 파일 자체를 복사한 후 모듈을 임포트(import)하면 해당 파일(모듈)에 구현된 모든 함수 및 자료 구조를 사용할 수 있다.

> **tip**
> • **math module** : 다양한 수학 함수 제공
> • **random module** : 무작위수 생성과 관련된 많은 함수 제공
> • **turtle module** : 간단한 그래픽 관련 함수와 클래스를 제공

2 시간 관련 모듈 제어

(1) 시간 관련 모듈

① 시간과 날짜를 다루기 위해 time과 datetime이라는 기본 모듈을 사용하여 제어한다.

② **사용 방법** : time 모듈에서 현재 시각을 구하는 time 함수(time은 현재 시각을 반환)를 import 하여 사용한다.

실행 코드

```
import time
# 실습 코드 1 :
print(time.time())
print(time.ctime())

# 실습 코드 2 :
cur_time = time.ctime()
print(cur_time.split(" ")[-1], "년도")
```

수행 결과

```
1600405489.841634
Fri Sep 18 14:04:49 2020
2020 년도
```

(2) 시간 관련 모듈을 사용한 프로그램 수행 시간 측정 방법

time 모듈 또는 timeit 모듈을 사용하여 자신이 구현한 코드의 수행 시간을 측정할 수 있다.

실행 코드 1

```
import time
# 실습 코드 3 :
startTime = time.time()
############ 실행 코드 #############
sum = 0
for i in range(100000000):
    sum += i
################################
endTime = time.time() - startTime
print("코드 수행 시간(sec) : %.2f" % endTime)
```

실행 코드 2

```
import timeit
# 실습 코드 4 :
startTime = timeit.default_timer()  #시작 시간 체크
############ 실행 코드 #############
sum = 0
for i in range(100000000):
    sum += i
################################
endTime = timeit.default_timer()    #종료 시간 체크
print("코드 수행 시간(sec) : %.2f" % endTime)
```

수행 결과 1

```
코드 수행 시간(sec) : 17.05
```

수행 결과 2

```
코드 수행 시간(sec) : 17.70
```

3 OS 모듈 제어

(1) OS 모듈이란?

Operating System의 약자로서 운영체제에서 제공되는 여러 기능을 파이썬에서 수행할 수 있게 한다.

(2) 사용처 : 파이썬을 이용해 파일을 복사하거나 디렉터리를 생성하고 특정 디렉터리 내의 파일 목록을 구하고자 할 때 OS 모듈을 사용한다.

① **os.getcwd( )** : 프로젝트 경로를 확인한다.

② **os.listdir( )** : 프로젝트 폴더 내의 파일들을 확인할 수 있다. 반환되는 값은 리스트형이며 폴더 경로 지정 시, 해당 폴더의 내부 파일을 확인할 수 있다.

(3) OS 모듈을 import하는 세 가지 방법

import 방법 1	OS 모듈을 import 하라.
import os	

import 방법 2	OS 모듈로부터(from) listdir을 import 하라.
from os import listdir	

import 방법 3	OS 모듈 내의 모든 것을 import 하라.
from os import *	

(4) OS 모듈 사용 방법 예

실행 코드 1

```
import os
#실습 코드 1 :
❶ print(os.getcwd())
#실습 코드 2 :
❷ print(os.listdir())
#실습 코드 3 :
❸ print(os.listdir("./testFolder"))
#실습 코드 4 :
❹ files = os.listdir("./testFolder")
❺ print(len(files))
❻ print(type(files))
```

❶ getcwd 함수로 현재 경로를 얻을 수 있음
❷ 현재 경로에 존재하는 파일과 디렉터리 목록이 리스트로 구성된 후 반환
❸ listdir 함수의 인자로 특정 경로를 지정하는 경우 해당 경로에 있는 파일과 디렉터리 목록이 반환
❹ 해당 경로에 있는 파일과 디렉터리 목록이 반환
❺ len 함수를 사용하여 해당 경로에 있는 파일과 디렉터리 총 개수를 구함
❻ 반환되는 자료형 타입을 출력(list 타입)

수행 결과 1

```
❶ C:\Users\kopo\AppData\Local\Programs\Python\Python311\python.exe "D:\OneDrive_한국폴리텍대학\OneDrive - 한국폴리텍디
❷ D:\OneDrive_한국폴리텍대학\OneDrive - 한국폴리텍대학\교재편찬\쉽게 배우는 파이썬 프로그래밍\ver2.0코드\Project\part4\2.모듈
❸ ['.idea', 'Operator.py', 'OS 모듈.py', 'testFolder', 'test_0_1.py', 'test_1.py', 'test_2.py', 'test_3.py', 'tes
❹ ['test_1.py', 'test_2.py', 'test_3.py']
❺ 3
❻ <class 'list'>
```

4 사용자 제작 모듈 사용

(1) User가 만든 모듈 사용 방법

다음 프로그램의 'Operator.py'는 개발자가 만든 모듈이며 모듈 내에는 3개의 함수와 리스트형의 데이터를 담고 있다. 그리고 'test.py'는 'Operator.py'의 내부 함수들을 사용하기 위한 프로그램이다. 'Operator.py'의 내부 함수들을 사용하기 위해서는 'import' 키워드를 사용하여 'Operator'를 호출하면 된다. 그리고 각 함수는 '.'를 사용하여 함수에 접근 사용하면 된다.

```
Operator.py
1  def Add(element1, element2) :
2      return element1 + element2
3
4  def Sub(element1, element2) :
5      return element1 - element2
6
7  def Avg(element, length) :
8      return element / length
9
10 Data_List = [1, 2, 3, 4, 5, 6, 7, 8, 9, 10]
11
```

함수 — 리스트 — Operator 모듈

Operator.py

```
Operator.py
1  def Add(element1, element2) :
2      return element1 + element2
3
4  def Sub(element1, element2) :
5      return element1 - element2
6
7  def Avg(element, length) :
8      return element / length
9
0  Data_List = [1, 2, 3, 4, 5, 6, 7, 8, 9, 10]
1
```

test.py

```
Operator.py   test_1.py
1   # 실습 코드 1 :
2   import Operator
3
4   print("결과(Add) : ", Operator.Add(Operator.Data_List[0], Operator.Data_List[1]))
5   print("결과(Sub) : ", Operator.Sub(Operator.Data_List[3], Operator.Data_List[2]))
6
7   sumData = Operator.Data_List[0]
8   for i in range(1, len(Operator.Data_List)) :
9       sumData = Operator.Add(sumData, Operator.Data_List[i])
10
11  print("결과(Avg) : ", sumData / len(Operator.Data_List))
```

실행 결과

```
Run:  test_1
    C:\Users\kopo\AppData\Local\Programs\Python\Python310\python.exe "E:/OneDrive - Personal/OneDrive/교재편찬/파이썬으로 구현하는
    결과(Add) :  3
    결과(Sub) :  1
    결과(Avg) :  5.5
```

5 모듈, 패키지, 라이브러리, 프레임워크 비교

(1) 패키지(Package)란?

패키지는 모듈로 구성되어 있는 디렉터리(폴더)이며, '__init__.py' 모듈을 포함한다. 패키지 안에 하위 패키지가 포함될 수 있으며, 각 하위 패키지 모두 '__init__,py' 모듈을 포함한다. '__init__.py' 모듈은 해당 패키지가 사용될 때 필요한 기본 설정이 저장되어 있고 자동 실행된다. 그림 Ⅳ-10이 전형적인 패키지 구조이다.

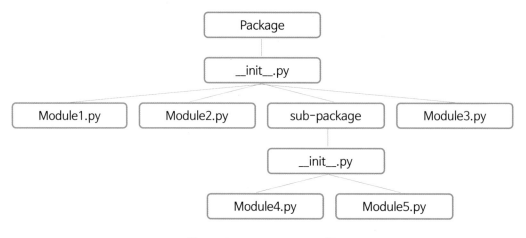

그림 Ⅳ-10   Python Package 구조

또한, 그림 Ⅳ-11은 패키지와 단순히 모듈을 포함하는 디렉터리(폴더)의 차이점을 보여준다.

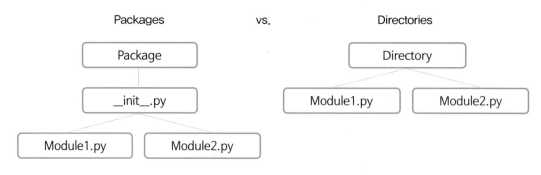

그림 Ⅳ-11   Python Package와 디렉터리의 차이점

(2) 라이브러리(Library)란?

라이브러리는 모듈, 패키지 등 재사용이 가능한 코드들을 통칭해서 부르는 단어이다. 패키지가 하위 패키지를 포함하기에 라이브러리로 불리기도 하지만, 라이브러리는 여러 개의 패키지로 이루어진 목록으로 하나의 패키지와 구분되며 파이썬 표준 라이브러리[1]를 검색하면 기본으로 제공되는 패키지와 모듈을 확인할 수 있다. 그리고 파이썬을 이용한 게임 프로그램 개발에 많이 사용되는 Pygame, 데이터 분석 시 많이 사용되는 Numpy와 Pandas, 웹에서 필요한 데이터 수집에 유용한 BeautifulSoup, 머신러닝과 딥러닝 분야에서 많이 알려진 Tensorflow, Keras, PyTorch 등이 대표적인 제3자 파이썬 라이브러리이다. 제3자 라이브러리란 파이썬 공식 홈페이지가 아닌 다른 방식으로 제공되는 라이브러리를 가리킨다.

(3) 프레임워크(Framework)란?

프레임워크는 라이브러리보다 포괄적인 개념이다. 라이브러리가 도구 구성만 제공하는 반면에 프레임워크는 라이브러리와 함께 라이브러리를 쉽게 적용할 수 있는 틀(Frame)과 아키텍처(Architecture)를 함께 제공한다.

1-5 람다식 표현 방법

(1) 람다(lambda)식이란?

간단한 함수의 선언과 호출을 하나의 식으로 간략히 표현한 것이다. 람다식은 일반 함수와는 다르게 함수 이름을 가지지 않으며, map( )이나 filter( ) 함수와 같이 함수 자체를 인수로 전달받는 함수에서 자주 사용된다.

(2) '실습 코드 8' 설명

다음 예제 코드에서 보는 것과 같이, add( ) 함수가 선언된 이후에는 프로그램 내에서 언제라도 개발자는 다시 호출하여 사용할 수 있지만, 람다식을 적용한 표현은 한번 밖에 사용할 수 없는 차이점을 가진다.

---

[1] 파이썬 표준 라이브러리 : https://docs.python.org/3/library/

사용 문법

lambda 매개변수1, 매개변수2, ...: 매개변수를 이용한 표현식

실습 코드 8

```
def add(a, b):
    return a + b

print(add(1, 2))
print((lambda a, b: a+b)(1, 2))
```

실행 결과

```
3
3
```

1-6 지역 변수와 전역 변수

프로그래밍에서는 변수의 선언 위치에 따라 변수의 유효 범위, 메모리 생성/소멸 시기, 초기화 등의 여부가 달라진다. 따라서 변수는 크게 지역 변수(로컬 변수)와 전역 변수(글로벌 변수)로 나눌 수 있다.

1 지역 변수

(1) 지역 변수란?

지역 변수는 함수와 같은 특정 코드의 블록 내에서 선언되어 그 내에서만 접근이 가능하고 해당 블록이 종료되면 변수가 메모리에서 해제되는 특징을 가진다.

(2) 지역 변수 사용 예

다음 코드의 실행 결과를 보면, 'test_function( )' 함수 내의 x, y, z 변수는 지역 변수로 선언되어 있기 때문에 함수 내부의 변수 값을 출력하는 데 문제가 없다. 하지만 함수가 종료되면 x, y, z 변수도 함께 메모리에서 삭제되어 'main( )' 함수 내에서 x, y, z 변수의 값을 출력하려 할 때 에러가 발생하게 된다.

예제 코드

```
def test_function( ):
    x = 10  # x : 지역 변수
    y = 20  # y : 지역 변수
    z = 30  # z : 지역 변수
    print(f'x:{x}, y:{y}, z:{z}')

def main( ):
    test_function( )
    print(f'x:{x}, y:{y}, z:{z}')

if __name__ == "__main__":
    main( )
```

실행 결과

```
x:10, y:20, z:30
Traceback (most recent call last):
  File "D:\Poly_Python_Test\pythonProject3\test1.py", line 12, in <module>
    main( )
  File "D:\Poly_Python_Test\pythonProject3\test1.py", line 9, in main
    print(f'x:{x}, y:{y}, z:{z}')  # x:0, y:0
NameError: name 'x' is not defined
```

2 전역 변수

(1) 전역 변수란?

전역 변수는 프로그램이 실행되어 해당 변수가 선언될 때 메모리에 생성된 후, 프로그램이 종료될 때까지 메모리에 존재하게 된다. 그리고 프로그램 어디에서든 접근이 가능한 변수이다. 전역 변수를 프로그램 내에서 사용하기 위해서는 'global' 키워드를 사용해야 한다.

(2) 전역 변수 사용 예

다음 예제 코드에서 보는 것과 같이, 'global' 키워드를 사용하지 않으면 x, y, z의 변수는 함수 내에서 지역 변수로 사용된다. 하지만 'global' 키워드로 선언된 변수는 함수 내에서 전역 변수로 사용되어 x, y, z 변수가 업데이트되어 함수 밖에서도 업데이트된 변수를 사용할 수 있게 된다.

'global' 키워드 미사용	'global' 키워드 사용
예제 코드	예제 코드

``
x, y, z = 0, 0, 0 # 전역 변수
 	
def test_function( ):
    #global x, y, z
    x, y, z = 10, 20, 30 # 전역 변수
    print(f'x:{x}, y:{y}, z:{z}')
 	
def main( ):
    print(f'x:{x}, y:{y}, z:{z}')
    test_function( )
    print(f'x:{x}, y:{y}, z:{z}')
 	
if __name__ == "__main__":
    main( )
``
	``
	x, y, z = 0, 0, 0 # 전역 변수
	
	def test_function( ):
	    global x, y, z
	    x, y, z = 10, 20, 30 # 전역 변수
	    print(f'x:{x}, y:{y}, z:{z}')
	
	def main( ):
	    print(f'x:{x}, y:{y}, z:{z}')
	    test_function( )
	    print(f'x:{x}, y:{y}, z:{z}')
	
	if __name__ == "__main__":
	    main( )
	``

실행 결과	실행 결과
``` x:0, y:0, z:0 x:10, y:20, z:30 x:0, y:0, z:0 ```	``` x:0, y:0, z:0 x:10, y:20, z:30 x:10, y:20, z:30 ```

> **요약**
> 전역 변수는 프로그램이 시작된 후, 종료할 때까지 메모리에 존재하며, 프로그램 어디에서든 접근이 가능한 변수이다. 반면에 지역 변수는 함수와 같이 변수가 선언된 특정 코드 블록 내에서만 접근이 가능하고 해당 블록이 종료되면 변수 또한 메모리에서 해제된다. 또한 파이썬에서는 전역 변수와 지역 변수 외에 nonlocal이라는 특이한 형태의 변수도 존재한다.

연습 문제

1. 양의 정수 (n)을 입력받아(음의 정수를 입력하면, 에러 메시지를 출력 후 다시 입력하도록 처리), 그 수의 2×n을 구하는 프로그램을 작성하시오.

- (필수) 0을 입력하면 프로그램은 자동 종료됨
- (필수) 2×n을 구하는 부분은 메시지 출력 함수로 표현
- (수행 결과)

```
정수 (n)을 입력해주세요 :
2
정답은 2 * 2 = 4 입니다.
3
정답은 3 * 2 = 6 입니다.
14
정답은 14 * 2 = 28 입니다.
-1
에러: 입력한 수가 양의 정수가 아닙니다. 다시 입력해주세요.
0
프로그램을 종료합니다.
```

2. 두 개의 숫자를 입력받아 합, 차, 곱, 나눗셈을 출력하는 함수를 작성하시오.

- (수행 결과)

```
두 정수를 입력해주세요 : 5, 4
5 + 4 = 9
5 - 4 = 1
5 * 4 = 20
5 / 4 = 1.25
```

3. 세 개의 숫자를 입력받아 가장 큰 수를 출력하는 함수를 정의하고, if 문을 사용해서 수를 비교하는 프로그램을 작성하시오.

4. 산술 연산을 담당하는 module(operate.py)을 호출하여 입력받은 두 개의 숫자에 대한 산술 연산을 할 수 있는 프로그램을 작성하시오.

- (필수) int(input('1.덧셈 \t 2.뺄셈 \t 3.곱셈 \t 4.나눗셈 \t 5.나머지 \t 6.몫 \t 7.제곱승 \t 8.종료 : ')) 사용하여 연산자를 선택

5. 람다 표현식을 사용하여 아래의 데이터 중 3의 배수에 해당하는 숫자는 문자열로 변환된 프로그램을 작성하시오.

- (사용 데이터) list_data = [1, 2, 3, 4, 5, 6, 7, 8, 9, 10]
- (출력 결과) [1, 2, '3', 4, 5, '6', 7, 8, '9', 10]

6. 주어진 리스트의 각 요소를 제곱하는 lambda 함수를 만들고, 이를 map 함수와 함께 사용하여 리스트의 모든 요소를 제곱한 새로운 리스트를 출력하시오.

- (필수) lamda 함수 사용, map 함수 사용
- 힌트 map(함수, 입력데이터)

```
실행 결과
[1, 2, 3, 4, 5]
[1, 4, 9, 16, 25]

Process finished with exit code 0
```

제 2 장

객체 지향 프로그래밍

🔍 학습 목표   1. 객체 지향 프로그램의 장점과 단점을 설명할 수 있으며, 그 특징을 서술할 수 있다.
2. 클래스를 사용한 프로그램을 개발할 수 있으며, 상속과 오버라이딩의 차이점을 설명할 수 있다.

2-1   객체 지향 프로그램 소개

1 객체 지향 프로그래밍(Object Oriented Programming)

(1) 객체 지향 프로그램

프로그래밍에서 필요한 데이터를 추상화시켜 상태와 행위를 가진 객체를 만들고 그 객체들 간의 유기적인 상호작용을 통해 시스템을 구성하는 프로그래밍 방법을 객체 지향 프로그래밍 이라고 한다.

(2) 객체 지향 프로그램의 특징

① 프로그램의 캡슐화

예 자동차(Class)의 속성(Attribute)은 차량번호, 배기량, 속도 등이 있다고 가정을 하고 메서드(Method)로는 주행, 가속, 감속 등이 있다고 가정을 해보자. 이때 자동차의 속성과 메서드를 Private으로 선언하여 외부로부터 해당 속성과 기능들을 보호할 수 있는 특징을 말한다.

② 프로그램의 상속화

예 자동차 클래스(부모 클래스)를 정의한 후, 자동차 클래스의 속성과 기능을 자식 클래스에서 받아 경차, 중형차, 대형차 클래스를 생성하여 부모 클래스의 속성과 기능을 활용할 수 있는 것을 말한다. 즉, 자동차 클래스를 상속받은 클래스들은 자동차 클래스의 속성(Attribue) 및 메서드(Method)를 사용할 수 있게 되는 것이다. 이렇게 상속 개념을 사용하면 코드의 재사용성 및 유지 보수성을 높일 수 있어 코드를 효율적으로 작성할 수 있다.

③ 프로그램의 추상화

예 자동차가 가지는 공통적인 속성과 기능들을 추출하여 추상적인 개념으로 단순화할 수 있는 방법을 말한다. 예를 들어 모든 자동차는 바퀴, 엔진, 조향장치, 브레이크 등을 가지고 있으며 주행, 가속, 감속 등의 동작을 수행할 수 있다. 이러한 공통적인 속성과 기능을 추출하여 추상적인 자동차 클래스를 정의하면 다양한 종류의 자동차 객체를 만들 수 있게 된다.

④ 프로그램의 다형성

예 하나의 메서드나 클래스가 다양한 방법으로 동작할 수 있는 능력을 말한다. 자동차에서 다형성을 예로 들면, 같은 자동차라도 경차, 중형차, 대형차 등 다양한 종류가 있다. 이때 자동차 클래스를 정의하고 각각의 자동차 객체를 생성할 때 자동차 클래스의 공통적인 속성과 기능을 가지면서 각각의 종류에 따라 조금씩 다른 동작을 수행할 수 있게 기능을 변경할 수 있다. 즉, 하나의 객체가 여러 가지 형태를 가질 수 있음을 의미한다.

(3) 객체지향 프로그램 설계 5가지 원칙(S.O.L.I.D)

① SOLID란?

객체지향 프로그램을 설계할 때 지켜야 하는 5가지 원칙으로 각각 SRP(단일 책임 원칙), OCP(개방-폐쇄 원칙), LSP(리스코프 치환 원칙), DIP(의존 역전 원칙), ISP(인터페이스 분리 원칙)을 말하며, 각 단어의 앞 글자를 따서 만들어졌다. SOLID 원칙을 지키면 시간이 지나도 프로그램 변경이 용이하고, 유지 보수와 확장이 쉬운 소프트웨어를 개발하는 데 도움이 된다.

② 예시를 통한 SOLID 설명

ⓐ 자동차를 예로 들면, 각 부품은 하나의 역할만 해야 한다. 엔진은 차량을 구동하는 역할만 해야 하고, 브레이크는 차량을 정지시키는 역할만 해야 한다. 각 부품은 자신의 책임이 명확하고 분명해야 한다.

> SRP(Single Responsibility Principle)

ⓑ 자동차에 부품을 추가하거나 수정할 때, 기존의 부품에 영향을 주지 않아야 한다. 예를 들어 타이어를 추가하거나, 차선 이탈 방지 기능이나 운전 보조 기능을 추가하여도 자동차의 기본 기능인 가속, 브레이크 등에 영향을 주지 않아야 한다.

> OCP(Open-Closed Principle)

ⓒ 자동차의 각 부품은 자신을 대체할 수 있는 것으로 만들어져야 한다. 예를 들어, 브레이크 패드를 교체하더라도 브레이크 시스템 전체에 영향을 주지 않아야 한다.

> LSP(Liskov Substitution Principle)

ⓓ 자동차의 인터페이스는 작은 단위로 분리되어야 한다. 예를 들어, 자동차의 인터페이스는 각 부품의 역할에 따라 분리되어야 한다. 엔진은 엔진 인터페이스를 따르고, 브레이크는 브레이크 인터페이스를 따라야 한다.

> ISP(Interface Segregation Principle)

ⓔ 엔진 클래스는 자동차 인터페이스를 구현하고, 차체 클래스는 엔진 인터페이스를 사용하도록 구현해야 한다. 이렇게 하면 차체 클래스는 엔진의 구체적인 구현에 의존하지 않고, 자동차 인터페이스를 통해 엔진과 상호작용한다. 엔진 클래스는 자신이 사용할 인터페이스를 선언하고, 차체 클래스에서 이 인터페이스를 구현하도록 요구한다. 이렇게 구현하면 각 클래스는 독립적으로 개발될 수 있으며, 유연하게 확장 가능한 시스템을 구축할 수 있다.

> DIP(Dependency Inversion Principle)

(4) 객체 지향 프로그래밍의 단점
① 객체들 간의 인터페이스 시, 오버헤드로 인해서 처리속도가 상대적으로 느릴 수 있다.
② 객체의 생성이 많아지면 상대적으로 용량이 커지고 설계 시 많은 시간이 소요될 수 있다.

2-2   파이썬에서의 클래스와 인스턴스

파이썬은 객체지향 프로그래밍(Object Oriented Programming)을 할 수 있는 클래스(Class)를 지원한다.

1 클래스(Class)

(1) 클래스의 정의

프로그램이 실행되었을 때 생성되는 객체가 어떤 멤버 변수와 메서드를 가지는지 정의해 둔 것을 말한다. 그림 Ⅳ-12 예제 코드는 자동차의 속성과 기능(메서드)을 클래스로 구현한 예제이다. 속성으로는 'self.make', 'self.model', 'self.year', 'self.speed' 이며, 메서드로는 'accelerate(self)', 'break(self)', 'honk(self)'이다. 그리고 'Car' 클래스의 객체는 'my_car'이다. 이 객체를 통해 'Car' 클래스의 속성과 기능을 활용하여 다양한 코드를 추가적으로 작성할 수 있다.

예제 프로그램

```
class Car:
    def __init__(self, make, model, year):
        self.make = make
        self.model = model
        self.year = year
        self.speed = 0

    1 usage
    def accelerate(self):
        self.speed += 5

    1 usage
    def brake(self):
        self.speed -= 5

    1 usage
    def honk(self):
        print("빵! 빵!")
```

예제 프로그램

```
my_car = Car("Tesla", "Model S", 2022)  # Car 클래스를 기반으로 my_car 객체 생성


print(my_car.make)   # 출력: Tesla
print(my_car.model)  # 출력: Model S
print(my_car.year)   # 출력: 2022
print(my_car.speed)  # 출력: 0


my_car.accelerate()  # 가속 메서드 호출
print(my_car.speed)  # 출력: 5

my_car.brake()  # 감속 메서드 호출
print(my_car.speed)  # 출력: 0

my_car.honk()  # 경적 메서드 호출, 출력: 빵! 빵!
```

그림 Ⅳ-12 Car Class 예제

① **객체(Object)** : 클래스의 인스턴스를 인식할 수 있는 단어이다.
② **인스턴스(Instance)** : 클래스의 정의로부터 실제 객체를 생성한 것이다.

예제 프로그램

```
my_car = Car("Tesla", "Model S", 2022)  # Car 클래스를 기반으로 my_car 객체 생성
```

③ **속성(Attribute)** : 클래스에 포함되는 변수이며, 위 예제의 경우, 제조사, 모델, 출시 연도, 속도 등이 속성이 된다.

예제 프로그램

```
self.make = make
self.model = model
self.year = year
self.speed = 0
```

④ **메서드(Method)** : 클래스에 포함된 함수를 말하며, 객체의 기능을 나타내며 위 차동차 클래스를 예로 들면 가속, 감속, 경적 등이 이에 해당한다.

```
예제 프로그램

def accelerate(self):
    self.speed += 5

1 usage
def brake(self):
    self.speed -= 5

1 usage
def honk(self):
    print("빵! 빵!")
```

> **tip**
>
>
>
> **클래스** : 붕어빵을 계속해서 찍어낼 수 있는 틀을 클래스(class)라 한다.
>
> **객체** : 붕어빵 틀에서 찍혀 나온 맛있는 붕어빵 하나하나를 객체(object)라 한다.

(2) 함수와 클래스의 차이점

함수와 클래스는 프로그래밍에서 다른 개념이다. 함수는 일련의 코드 블록으로, 전달된 인수를 받아들이고 호출될 때마다 특정 작업을 수행하고 결과를 반환한다. 반면, 클래스는 변수와 함수의 집합으로 구성되어 있으며 각각 속성과 기능이 정의되어 있다. 클래스에 대한 객체는 클래스의 인스턴스(Instance)라고도 하며, 클래스 내에 정의된 변수와 함수를 사용할 수 있다.

2 파이썬에서 클래스를 사용하는 방법

(1) 클래스 선언하기

'class' 키워드를 사용하여 클래스를 선언할 수 있으며, 그 내부에서 'def' 키워드를 사용하여 메서드를 선언할 수 있다. 또한, 클래스 내부에 변수를 선언할 수 있으며 이것을 속성이라고 한다.

(2) 클래스 및 인스턴스 생성 예시

다음 예제 코드에서 보는 것과 같이, 'Legend' 클래스는 3개의 속성('name', 'position', 'mind')과 'pick( )'라는 하나의 메서드로 구성된다. 'pick( )' 메서드를 선언할 때 'self' 매개변수를 사용하면 클래스 내에서 자기 자신을 참조할 때 사용된다. 즉, 'self'를 사용하면 클래스에서 메서드를 호출할 때, 해당 메서드에 속한 인스턴스를 참조하기 위한 키워드로서 클래스로부터 생성된 인스턴스의 메서드 내에서 해당 인스턴스의 속성에 접근할 때 속성 앞에 붙이면 메서드 내에서 해당 속성을 사용할 수 있게 된다.

① **인스턴스 생성** : 클래스명에 소괄호( )를 사용하여 생성한다. 그리고 생성된 인스턴스에 닷(.)을 사용하면 해당 클래스의 속성이나 메서드를 호출할 수 있다.

인스턴스 작성 문법

인스턴스명 = 클래스 명()

② 인스턴스는 클래스를 기반으로 생성된 객체를 가리키는 용어로, 다음 예제처럼, 클래스로부터 인스턴스를 생성할 때는 클래스 이름을 호출하고 괄호를 붙여 생성(game = Legend( ))한다.

클래스 작성 문법

```
class 클래스명 :
    데이터형 멤버명1
    ...
    def 메소드명1()
        문장1
        문장2
```

프로그램 예시

```
class Legend:  # Legend 클래스 선언
    name = "Faker"  # 속성 선언
    position = "mid"
    team = "SKT"

    1 usage
    def pick(self):  # 미드를 선택하는 메서드 pick 선언
        print(self.name + "가 미드를 선택했다\n")

    1 usage
    def VS(self, player1, player2):  # 플레이어 대결 메서드 VS 선언
        print(player1 + " VS " + player2)


game = Legend()  # Legend 클래스의 인스턴스인 game 생성
game.pick()  # 인스턴스의 pick 메서드 실행

game.VS("페이커", "쵸비")  # 인스턴스의 VS 메서드 실행
```

③ 객체(object)와 인스턴스(instance)는 동일한 것을 가리키지만, 사용되는 관점에 따라 다르게 표현된다. 예를 들어 그림 IV-13 프로그램에서 보는 것과 같이, 'game'은 객체라고 말하며, 'game'은 Legend 클래스의 인스턴스라고 표현된다. 객체는 클래스에 의해 정의된 추상적인 개념이며, 인스턴스는 클래스 기반으로 생성된 실체이다.

예제 프로그램	수행결과

```
# Part4 1번
1 usage
class Legend:  # Legend 클래스 선언
    name = "Faker"  # 속성 선언
    position = "mid"
    team = "SKT"

    1 usage
    def pick(self):  # 미드를 선택하는 메서드 pick 선언
        print(self.name + "가 미드를 선택했다\n")

    1 usage
    def VS(self, player1, player2):  # 플레이어 대결 메서드 VS 선언
        print(player1 + " VS " + player2)


game = Legend()  # Legend 클래스의 인스턴스인 game 생성
game.pick()  # 인스턴스의 pick 메서드 실행

game.VS("페이커", "초비")  # 인스턴스의 VS 메서드 실행
```

```
Faker가 미드를 선택했다

페이커 VS 초비

Process finished with exit code 0
```

그림 Ⅳ-13 Legend Class 예제

(3) 클래스의 변수 접근과 인스턴스 변수

클래스 변수 (class variable)	해당 클래스에서 생성된 모든 인스턴스가 값을 공유하는 변수
인스턴스 변수 (instance variable)	'__init__()' 메서드 내에서 선언된 변수로 인스턴스가 생성될 때마다 새로운 값이 할당되는 변수

① 클래스에서도 변수가 선언된 위치에 따라 변수의 유효 범위 및 값을 변경할 수 있다.

② 인스턴스 변수인 "__init__( )"는 initial에서 유래한 변수명으로 생성자를 의미한다.

예제 프로그램	수행결과

```
class Legend:
    position = "MID"  # 클래스 변수 선언
    def __init__(self, name):  # 생성자 메서드 선언
        self.name = name  # 인스턴스 변수 선언
    2 usages
    def VS(self):  # 메서드 선언
        print(self.position + "가 주 포지션인 " + self.name + " 선수")  # 클래스 변수와 인스턴스 변수 출력

player1 = Legend("페이커")  # Legend 클래스의 인스턴스 생성. name 속성은 "페이커"로 설정됨
player2 = Legend("초비")  # Legend 클래스의 인스턴스 생성. name 속성은 "초비"로 설정됨

print(player1.position)  # 클래스 변수인 position 출력. 모든 인스턴스에서 공유됨
print(player1.name)  # 인스턴스 변수인 name 출력. 각 인스턴스마다 다름

print(player2.position)  # 클래스 변수인 position 출력. 모든 인스턴스에서 공유됨
print(player2.name)  # 인스턴스 변수인 name 출력. 각 인스턴스마다 다름

player1.VS()  # "MID가 주 포지션인 페이커 선수" 출력
player2.VS()  # "MID가 주 포지션인 초비 선수" 출력
```

```
MID
페이커
MID
초비
MID가 주 포지션인 페이커 선수
MID가 주 포지션인 초비 선수
```

그림 Ⅳ-14 Legend Class 예제

(4) 클래스의 변수 접근과 인스턴스 변수 사용 예제 (1)

객체가 선언될 때 생성자(def __init__(self))는 자동 호출된다.

예제 프로그램

```
class Legend:
    position = "MID" # 클래스 변수 선언
    def __init__(self, name): # 생성자 메서드 선언
        self.name = name # 인스턴스 변수 선언

player1 = Legend("페이커") # Legend 클래스의 인스턴스 생성. name 속성은 "페이커"로 설정됨
player2 = Legend("쵸비") # Legend 클래스의 인스턴스 생성. name 속성은 "쵸비"로 설정됨

print(player1.position) # 클래스 변수인 position 출력. 모든 인스턴스에서 공유됨
print(player1.name) # 인스턴스 변수인 name 출력. 각 인스턴스마다 다름

print(player2.position) # 클래스 변수인 position 출력. 모든 인스턴스에서 공유됨
print(player2.name) # 인스턴스 변수인 name 출력. 각 인스턴스마다 다름
```

수행결과

```
Run:    part4 2번
        C:\Users\Jin\
        MID
        페이커
        MID
        쵸비
```

(5) 클래스의 변수 접근과 인스턴스 변수 사용 예제 (2)

인스턴스 간에 값을 서로 공유하지 않아도 되는 변수는 인스턴스 변수로 선언하고, 같은 값을 공유해야만 하는 변수는 클래스 변수로 선언하는 것이 바람직하다.

예제 프로그램

```
# part4 3번
2 usages
class Movie:
    snack = "팝콘"

    # 생성자 메소드, place와 room 속성을 초기화
    def __init__(self, place):
        self.place = place
        self.room = 1

    # 티켓 정보를 출력하는 메소드
    3 usages
    def tiket(self):
        print("극장 위치 = ", self.place)
        print("극장 번호 = ", self.room)

# Movie 클래스의 인스턴스 생성
customer1 = Movie("청주")
customer2 = Movie("대전")

# 인스턴스의 메소드를 호출하여 각각의 티켓 정보 출력
customer1.tiket()
customer2.tiket()

# customer1의 극장 위치를 변경하고 티켓 정보를 출력
customer1.place = "일산"
customer1.tiket()

print(customer1.snack)
print(customer2.snack)
```

수행결과

```
극장 위치 = 청주
극장 번호 = 1
극장 위치 = 대전
극장 번호 = 1
극장 위치 = 일산
극장 번호 = 1
팝콘
팝콘
```

그림 IV-15   Movie Class 예제

(6) 클래스의 변수 접근과 인스턴스 변수 사용 예제 (3)

객체 생성 시 여러 개의 인자 전달이 가능하다.

예제 프로그램

```
# part4 4번
class Student:

    # 생성자 메소드, 학생 이름과 학번을 초기화
    def __init__(self, name, studentNo):
        self.name = name
        self.no = studentNo

    # 학생 정보 출력 메소드
    def ptStudent(self):
        print("학생이름 = ", self.name)
        print("학번 = ", self.no)


# 학생 인스턴스 생성
student1 = Student("권구완", "2016-12-9124")

# 학생 정보 출력
student1.ptStudent()
```

수행결과

```
C:\Users\USER\AppData\
학생이름 =  권구완
학번 =  2016-12-9124
```

그림 IV-16   Student Class 예제

2-3 상속과 오버라이딩

1 상속(Inheritance)

(1) 상속이란

기존 클래스를 직접 수정하지 않고, 기능을 추가하거나 변경하고 싶을 때 유용하게 사용할 수 있다.

① **존재하던 클래스** : 부모 클래스(Parent Class) 또는 기초 클래스(Base Class)라고 부른다. 그림 IV-17에서 검정색으로 표현된 'Car' Class가 이에 해당한다.

② **상속을 통해 새롭게 생성되는 클래스** : 자식 클래스(Child Class) 또는 파생 클래스(Derived Class)라고 부른다. 그림 IV-17에서 녹색과 주황색으로 표현된 내용이 이에 해당하는 자식 클래스 들이다.

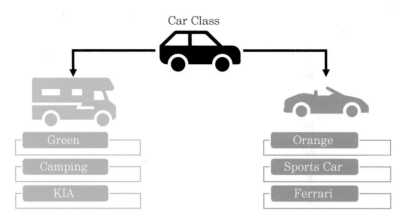

그림 IV-17 클래스 상속 구조

(2) 클래스 상속하기

클래스를 선언할 때 다른 클래스를 상속받고 싶다면, 소괄호(( ))를 사용하여 그 안에 상속 받고 싶은 클래스명을 넣어 전달함으로써 해당 클래스의 모든 멤버를 상속받을 수 있다.

상속 관련 문법

class 자식클래스명(부모클래스명)

(3) 클래스 상속하기 예제

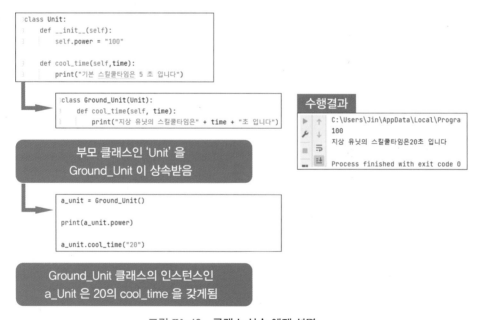

그림 IV-18 클래스 상속 예제 설명

그림 IV-18에서 보는 것과 같이, 'Ground_Unit' 클래스는 'Unit' 클래스를 상속받은 클래스이다. 그래서 'Ground_Unit' 클래스에서는 선언하지 않았지만, 부모 클래스인 'Unit' 클래스에 존재하는 'power' 속성을 상속 받았기 때문에 'Ground_Unit' 클래스 내에서 'power' 속성을 사용할 수 있게 된다.

2 상속(Inheritance) 메서드 오버라이딩(Method Overriding)

메서드 오버라이딩(Method Overriding)은 상속 관계에 있는 부모 클래스에서 이미 정의된 메서드를 자식 클래서에서 같은 이름으로 재정의하는 것을 의미한다. 예를 들어, 부모 클래스인 'Unit' 클래스 내에 있는 'cool_time' 메서드와 자식 클래스인 'Ground_Unit'에 있는 'cool_time' 메서드는 서로 같은 이름이지만, 자식 클래스에서 내용을 재정의했기 때문에 "지상 유닛의 스킬 쿨 타임은 5초입니다." 대신 "지상 유닛의 스킬 쿨 타임은 20초입니다." 의 결과가 출력되었다.

(1) 메서드 오버라이딩(Method Overriding) 예제

그림 IV-19 예제 코드에서 보는 것과 같이, 'Ground_Unit' 클래스와 'flying_Unit' 클래스는 모두 'Unit' 클래스를 상속받는다. 'Ground_Unit' 클래스는 'cool_time( )' 메서드를 재정의하고, 'flying_Unit' 클래스는 'cool_time( )' 메서드를 재정의하지 않았다. 반면에 'Ground_Unit' 클래스의 인스턴스는 부모 클래스인 'Unit' 클래스의 'cool_time( )' 메서드를 재정의한 'Ground_Unit' 클래스의 'cool_time( )' 메서드를 사용한다.

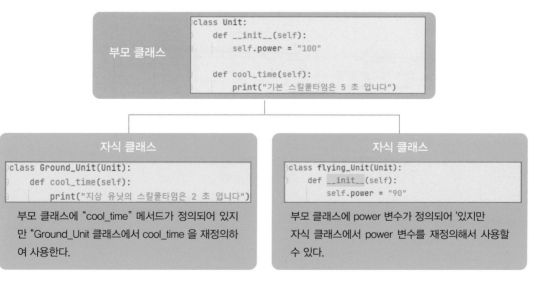

그림 IV-19   Unit Class 구조

이러한 메서드 오버라이딩을 통해 자식 클래스에서 부모 클래스의 메서드를 수정하거나 확장할 수 있다.

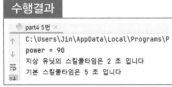

(2) 접근 제어(Access Control)

① **파이썬 접근 제어(Access Control)** : 클래스의 속성이나 메서드에 대한 접근을 제어하는 것을 말한다. 파이썬은 기본적으로 모든 속성과 메서드가 Public이며, 클래스 외부에서도 모두 접근할 수 있다. 하지만 때로는 클래스 외부에서의 직접적인 접근을 막고, 간접적으로 접근하도록 하는 것이 좋을 때가 있다.

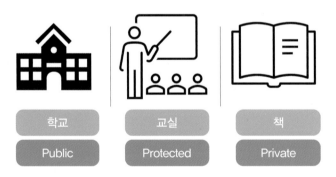

그림 IV-20 접근 제어자의 예시

② Python에는 접근 제어자가 없기 때문에 클래스의 속성과 메서드에 대한 접근을 제어하는 것은 개발자의 몫이다. 하지만 관례적으로 사용되는 언더스코어(_)를 이용하여 속성이나 메서드를 구분하고 간접적으로 접근을 제어하는 방법을 사용한다.

C++ 접근 제어자	파이썬
public	멤버 이름에 어떠한 언더스코어(_)도 포함되지 않음 **예** name
private	멤버 이름 앞에 두 개의 언더스코어(__)가 접두사로 포함됨 **예** __name
protected	멤버 이름 앞에 한 개의 언더스코어(_)가 접두사로 포함됨 **예** _name

프로그램 예시

```python
class MyClass:
    def __init__(self):
        self.public_attribute = 1
        self._protected_attribute = 2
        self.__private_attribute = 3

    def public_method(self):
        """
        어디에서나 접근할수 있는 method
        """
        print("This is a public method")

    def _protected_method(self):
        """
        함수 명 앞에 "_" 을 붙임으로써
        클래스 외부에서 액세스 해서는 안되는 보호된 method 임을 표현한다
        """
        print("This is a protected method")

    def __private_method(self):
        """
        함수 명 앞에 "__" 을 붙임으로써
        클래스 내에서만 접근할수 있는 method 임을 표현한다
        """
        print("This is a private method")
```

그림 IV-21　접근 제어자 사용 예제

tip **C++ 언어에서 사용할 수 있는 접근 제어자와 그 설명**

접근 제어자	설명
public	선언된 클래스 멤버는 외부로 공개되며, 해당 객체를 사용하는 프로그램 어디에서나 직접 접근할 수 있음
private	선언된 클래스 멤버는 외부에 공개되지 않으며, 외부에서는 직접 접근할 수 없음
protected	선언된 클래스 멤버는 부모 클래스에 대해서는 public 멤버처럼 취급되며, 외부에서는 private 멤버처럼 취급됨

2-4 파이썬 제공 특수 메서드

파이썬에서 제공하는 특수 메서드를 사용하면 파이썬을 이용한 개발 코드들을 여러 면에서 커스터마이즈(Customize)할 수 있다. 파이썬에서는 이러한 특수 메서드들을 던더 메서드(Double Under : Dunder Method) 또는 매직 메서드(Magic Method)라고 한다.

1 클래스의 기본 특수 메서드

파이썬 클래스에서는 메서드명의 앞뒤에 '_'(언더라인)을 지정하며 '__' 더블 언더라인(Double Under Line)을 줄여서 던더(Dunder) 메서드 또는 마법 기능을 발휘한다고 해서 매직 메서드(Magic Method)로 부르기도 한다.

(1) '__init__( )' 메서드

파이썬 클래스 내에서 사용되는 특수 메서드들 중의 하나로 인스턴스가 생성될 때마다 자동으로 실행되는 메서드이며, '__init__( )' 메서드를 생성자라고 부른다. 따라서, 다음 프로그램의 'Emp = Employee('홍길동', '20230730')'에서 'Employee( )' 클래스의 인스턴스(객체) 'Emp'를 생성할 경우, 자동으로 '__init__( )' 메서드가 호출 및 실행된다.

예제 코드

```python
class Employee :
    def __init__(self, name, birthdate):
        self.name = name
        self.birth_ymd = birthdate
        self.birth_yyyy = birthdate[0:4]
        self.birth_mm = birthdate[4:6]
        self.birth_dd = birthdate[6:8]

    def print_information(self):
        return f'{self.name} : 생년월일 {self.birth_yyyy}년 ' \
               f'{self.birth_mm}월 {self.birth_dd}일.'

    def print_name(self):
        return f'이름 : {self.name}.'

Emp = Employee('홍길동', '20230730')
print(Emp.print_name( ))
print(Emp.print_information( ))
```

실행 결과
이름 : 홍길동.
홍길동 : 생년월일 2023년 07월 30일.

(2) '__del__( )' 메서드

인스턴스 또는 객체를 삭제할 수 있는 '__del( )__' 메서드를 소멸자(Destructor)라 부른다. 인스턴스가 'del' 명령어(사용 : del 인스턴스 또는 객체명)로 삭제될 때마다 자동으로 실행된다. 다음 예제 코드는 '__del__( )' 메서드 사용하는 방법을 나타낸다.

예제 코드

```python
class Employee :
    def __init__(self, name, birthdate):
        self.name = name
        self.birth_ymd = birthdate
        self.birth_yyyy = birthdate[0:4]
        self.birth_mm = birthdate[4:6]
        self.birth_dd = birthdate[6:8]

    def __del__(self):
        print("Employee 인스턴스(객체)가 삭제됨")

    def print_information(self):
        return f'{self.name} : 생년월일 {self.birth_yyyy}년 ' \
            f'{self.birth_mm}월 {self.birth_dd}일.'

    def print_name(self):
        return f'이름 : {self.name}.'

Emp = Employee('홍길동', '20230730')
print(Emp.print_name( ))
print(Emp.print_information( ))

del Emp
print(Emp.print_name( ))
print(Emp.print_information( ))
```

실행 결과
이름 : 홍길동.
홍길동 : 생년월일 2023년 07월 30일.
Employee 인스턴스(객체)가 삭제됨
Traceback (most recent call last):
File "D:\Poly_Python_Test\pythonProject3\test3.py", line 24, in 〈module〉
print(Emp.print_name( ))
NameError: name 'Emp' is not defined

위 예제의 'del Emp' 실행은 'Emp' 인스턴스(객체) 삭제 명령어로, 파이썬 내부에서 자동으로 '__del__( )' 메서드가 실행되어 'Employee 인스턴스(객체)가 삭제됨'이 출력되었음을 확인할 수 있다.

(3) '__str__( )' 메서드

인스턴스 또는 객체 출력 시, 자동으로 실행되는 특수 메서드로써, 본 메서드는 파이썬에서 어떤 값(또는 객체)을 문자열로 변환하는 데 사용하는 내장 클래스이다. 다음 예제 프로그램을 통해 객체 생성 시, '__str__( )' 메서드가 실행되는 상황을 확인할 수 있다.

예제 코드

```python
class Employee :
    def __init__(self, name, birthdate):
        self.name = name
        self.birth_ymd = birthdate
        self.birth_yyyy  = birthdate[0:4]
        self.birth_mm = birthdate[4:6]
        self.birth_dd = birthdate[6:8]

    def __str__(self):
        return f'{self.name} : 생년월일 {self.birth_yyyy}년 ' \
                f'{self.birth_mm}월 {self.birth_dd}일.'

Emp = Employee('홍길동', '20230730')
print(Emp)
print(Emp.name, Emp.birth_ymd)
```

실행 결과
홍길동 : 생년월일 2023년 07월 30일. 홍길동 20230730

(4) '__eq__( )' 메서드

① 인스턴스 또는 객체 간 '==' 명령어로 비교 시, 자동으로 실행되는 특수 메서드이다.

② 다음 예제 프로그램은 인스턴스 또는 객체 간 출생년도(birth_ymd)가 같은 경우에는 그 결과를 참(True)으로 리턴하는 예이다. 그리고 'Emp1 == Emp2'는 'Emp1.__eq__ (Emp2)'와 동일한 기능으로 '==' 실행 시 자동으로 '__eq( )' 메서드가 실행되어, 'True' 값이 리턴되어 **'출생년도가 같다'**가 출력된다.

예제 코드

```python
class Employee :
    def __init__(self, name, birthdate):
        self.name = name
        self.birth_ymd = birthdate
        self.birth_yyyy = birthdate[0:4]
        self.birth_mm = birthdate[4:6]
        self.birth_dd = birthdate[6:8]

    def __eq__(self, other_obj):
        if self.birth_ymd == other_obj.birth_ymd :
            return True
        else :
            return False

Emp1 = Employee('홍길동', '20230730')
Emp2 = Employee('박철수', '20230730')
Emp3 = Employee('김영희', '20230731')

if Emp1 == Emp2:
    print("출생년도가 같다.")
else :
    print("출생년도가 다르다.")

print(Emp1.__eq__(Emp2))  #True
print(Emp2.__eq__(Emp3))  #False
```

실행 결과
출생년도가 같다. True False

tip 위에서 언급한 메서드 외에도 주요 메서드로는 __new__, __repr__, __add__, __sub__, __rsub__, __mul__, __div__, __ge__, __le__, __ne__등이 있다.

2 문자열 변환 특수 메서드

일반적으로 파이썬에서 문자열을 표현하기 위해서 str( ) 함수와 repr( )함수를 사용한다. 이러한 str( ) 함수와 repr( ) 함수는 특수 메서드를 사용해 클래스로부터 문자열을 생성할 수 있다. 다음 프로그램은 '__str__'과 '__repr__' 특수 메서드를 사용하여 객체에 대한 문자열을 반환하는 방법을 확인할 수 있는 예제이다. '__str__'이 print로 출력하는 일반적인 문자열 표기하는 방법인 반면에 '__repr__' 특수 메서드는 객체 생성 방식을 알 수 있도록 하는 표준 문자열 표기 방식이다.

예제 코드
| ```
class Employee :
  def __init__(self, name, birthdate):
class Employee :
  def __init__(self, name, year, month, day):
    self.name = name
    self.year = year
    self.month = month
    self.day = day
  def __str__(self):
    return f'{self.name} : {self.year}-{self.month}-{self.day}'

  def __repr__(self):
    return f'{self.name} : {self.year}-{self.month}-{self.day}'

Emp = Employee('홍길동', '2023', '07', '30')
print(Emp)
print(str(Emp))
print(repr(Emp))
``` |
```

실행 결과
홍길동 : 2023-07-30   홍길동 : 2023-07-30   홍길동 : 2023-07-30

3 항목 접근을 위한 특수 메서드

컨테이너를 효율적으로 구현하기 위해서는 다음의 코드와 같은 메서드들이 사용된다. 컨테이너란 데이터의 종류에 무관하게 저장할 수 있는 자료형(Data Type)을 저장한 모델을 의미한다. 즉, 데이터의 자료형에 상관없이 저장 가능한 객체를 말한다. 예를 들면 문자열(str), 튜플(tuple), 리스트(list), 딕셔너리(dictionary), 집합(set) 등은 타입에 무관하게 저장이 가능한 컨테이너 객체들이고 정수, 실수, 복소수 등은 타입이 고정되어 있는 단일 종류(Literal)의 자료형이다.

(1) '__len__( )' 메서드

클래스 내에 __len__( ) 함수를 정의하여 클래스의 인스턴스를 __len__( ) 함수에 전달한다.

예제 코드

```
class cLenWith :
    def __init__(self, *listItems):
        self.listStorage = list(listItems)

    def __len__(self):
        return len(self.listStorage)

obj = cLenWith(1, 2, 3, 4, 5)
print('출력결과 :', len(obj))
```

실행 결과
출력결과 : 5

(2) '__iter__( )' 메서드

① **이터레이터(Iterator)** : 값을 순서대로 반환할 수 있는 객체(Object)이다.

② **언패킹(Unpacking)** : 함수의 인자로 리스트, 튜플 등 객체를 인자로 넘겨서 사용하는 방법을 말하며 이터레이터도 언패킹이 가능하다. 단, 이터레이터의 반복횟수와 반환되는 변수의 개수는 같아야 한다.

예제 코드

```
class cCounter :
    def __init__(self, stopNum) :
        self.currentNum = 0                   # 현재 숫자를 0으로 초기화
        self.stopNum = stopNum                # 반복을 끝낼 숫자 값 세팅
    def __iter__(self) :
        return self                           # 현재 인스턴스를 반환
    def __next__(self) :
        # 현재 숫자가 반복을 끝낼 숫자보다 작을 때
        if self.currentNum < self.stopNum :
            returnValue = self.currentNum     # 반환할 숫자를 변수에 저장
            self.currentNum += 1              # 현재 숫자에서 '1'을 증가
            return returnValue                # 숫자 반환
        else :
            raise StopIteration               # 예외 발생


for i in cCounter(3) :
print('결과 출력 :%d' % i)
```

실행 결과

```
결과 출력 : 0
결과 출력 : 1
결과 출력 : 2
출력 결과1 : 0 1 2
출력 결과2 : 0 1 2 3 4
```

(3) '__getitem__( )' 메서드

① 클래스의 인덱스에 접근할 때 자동으로 호출되는 메서드이다.

② 다음 프로그램에서 'GIT = cGetitemTest( )' 객체 생성을 통해 생성자가 호출된 것을 확인할 수 있다. 그리고 'GIT'라는 객체에 인덱스 접근(GIT[1], GIT[3], GIT[5])을 할 때마다 '__getitem__( ) 메서드가 호출되었습니다.'의 문구가 출력되고 각 인덱스에 해당하는 결과가 출력됨을 함께 확인할 수 있다.

예제 코드

```python
class cGetitemTest:
    def __init__(self):
        print("cGetitemTest 클래스의 생성자가 호출되었습니다.")
        self._numbers = [n for n in range(1, 11)]

    def __getitem__(self, item):
        print("__getitem__( ) 메서드가 호출되었습니다.")
        return self._numbers[item]

GIT = cGetitemTest( )
print('출력결과 :', GIT[1], GIT[3], GIT[5])
```

실행 결과

```
cGetitemTest 클래스의 생성자가 호출되었습니다.
__getitem__( ) 메서드가 호출되었습니다.
__getitem__( ) 메서드가 호출되었습니다.
__getitem__( ) 메서드가 호출되었습니다.
출력결과 : 2 4 6
```

(4) '__setitem__( )' 메서드

클래스를 딕셔너리나 리스트처럼 사용하고 싶을 때 매직메서드인 __getitem__과 __setitem__ 메서드를 이용하면 클래스를 dict 또는 list처럼 사용할 수 있다. __setitem__( )은 객체에서 '[ ]' 연산자를 사용해서 변수를 지정할 때 동작하게 된다.

다음 예제 코드를 살펴보면, 'Employee' 클래스를 선언한 후, 클래스 내에 __setitem__ 메서드를 추가하면 딕셔너리에 데이터를 추가할 수 있으며, 'index'를 이용해서 데이터를 바로 조회할 수 있다.

'__getitem__( ), __setitem__( )' 미사용	'__getitem__( ), __setitem__( )' 사용
예제 코드	예제 코드

<pre>class Employee :
  def __init__(self):
    self.name = {}
 	
  def get_name(self, index, key):
    self.name[index] = key
 	
  def call_name(self, index):
    return self.name[index]
 	
person = Employee( )
person.get_name(0, "홍길동")
person.get_name(1, "박철수")
person.get_name(2, "김영희")
print(person.name)
print(person.call_name(0))</pre>
	<pre>class Employee :
	  def __init__(self):
	    self.name = {}
	
	  def __getitem__(self, item):
	    return self.name[item]
	
	  def __setitem__(self, key, value):
	    self.name[key] = value
	
	person = Employee( )
	person[0] = "홍길동"
	person[1] = "박철수"
	person[2] = "이영희"
	print(person.name)
	print(person[0])</pre>

실행 결과	실행 결과
{0: '홍길동', 1: '박철수', 2: '김영희'} 홍길동	{0: '홍길동', 1: '박철수', 2: '이영희'} 홍길동

(5) '__delitem__( )' 메서드

항목을 삭제할 때 실행되는 메서드이다.

예제 코드

```python
class cCustomList(list) :
  def __getitem__(self, item):
    if(item == 0) :
      raise ValueError
    item = item - 1
    return list.__getitem__(self, item)
  def __setitem__(self, key, value):
    if key == 0:
      raise ValueError
    key = key - 1
    return list.__setitem__(self, key, value)
  def __delitem__(self, key):
    key = key - 1
    return list.__delitem__(self, key)

listObject = cCustomList([0, 1, 2, 3, 4, 5]) # cCustomList 객체 생성
print("결과1 :", listObject)
print("결과2 :", listObject[1])
listObject[1]   = 10
print("결과3 :", listObject)
del listObject[1]
print("결과4 :", listObject)
```

실행 결과

```
결과1 : [0, 1, 2, 3, 4, 5]
결과2 : 0
결과3 : [10, 1, 2, 3, 4, 5]
결과4 : [1, 2, 3, 4, 5]
```

연습 문제

1. 다음 빈칸의 코드를 완성하여 출력 결과와 동일하게 출력되는 프로그램을 작성하시오.

```
class Person :
    name = ""
    id = ""
    age = 0
    height = 0
    weight = 0

    def __init__(self, name, id, age, height, weight):



    def __str__(self):
        return "이름: " + self.name + "\t 나이: " + str(self.age) \
            + "\t 키: " + str(self.height) + "\t 몸무게: " \
            + str(self.weight)

def main( ) :
    manyperson = [Person("홍길동", "1", 20, 60, 174),
                Person("박철수", "2", 23, 80, 194),
                Person("김유신", "3", 18, 59, 174),
                Person("강감찬", "4", 25, 78, 180),
                Person("이순신", "5", 24, 67, 184)]
    for i in range(0, 5):



if __name__ == "__main__":
    main( )
```

<table>
<tr><td>출력 결과 :</td><td></td><td></td><td></td></tr>
<tr><td>이름: 홍길동</td><td>나이: 20</td><td>키: 60</td><td>몸무게: 174</td></tr>
<tr><td>이름: 박철수</td><td>나이: 23</td><td>키: 80</td><td>몸무게: 194</td></tr>
<tr><td>이름: 김유신</td><td>나이: 18</td><td>키: 59</td><td>몸무게: 174</td></tr>
<tr><td>이름: 강감찬</td><td>나이: 25</td><td>키: 78</td><td>몸무게: 180</td></tr>
<tr><td>이름: 이순신</td><td>나이: 24</td><td>키: 67</td><td>몸무게: 184</td></tr>
</table>

2. 다음 코드는 클래스의 메서드 오버라이딩(Method Overriding)에 관한 프로그램으로 출력 결과를 도출하기 위하여 빈칸의 내용을 작성하시오.

- (필수) 작성 코드의 총 라인 수는 4줄이다.

```python
class Family:
    def introduce(self):
        print("저희는 가족입니다.")


class Person(Family):
    def introduce(self):
        super( ).introduce( )
        print("저는 가족의 구성원입니다.")


def main( ):



if __name__ == "__main__":
    main( )
```

출력 결과 :
저희는 가족입니다.
저희는 가족입니다.
저는 가족의 구성원입니다.

3. 다음 코드는 클래스의 상속에 관한 프로그램이다. 본 코드를 해석하여 출력 결과를 도출하시오.

```python
class Family:
    def __init__(self):
        self.lastname = "홍"
    def lname(self):
        print("성은 %s입니다." % self.lastname)


class Person(Family):
    def __init__(self):
        self.firstname = "길동"
        super().__init__()
    def fname(self):
        print("이름은 %s입니다." % self.firstname)


def main():
    Obj_Family = Family()
    Obj_Person = Person()

    Obj_Family.lname()
    Obj_Person.fname()

    print(Obj_Family.lastname)
    print(Obj_Person.lastname)


if __name__ == "__main__":
    main()
```

4. 사람(Person) 클래스를 만들어 인스턴스 변수로 이름, 나이, 성별을 가지도록 만들고 "안녕하세요, 저는 ○○○입니다 ○○살 남자(여자)입니다."를 출력하는 메서드를 통해 결과를 출력하시오.

- (필수) Person 클래스 선언, say_hello 메서드를 선언하여 사용
- (수행 결과) "안녕하세요, 저는 윤진원입니다. 27살 남자입니다."

5. datatime 모듈을 import하여 오늘 날짜를 출력하는 프로그램을 작성하시오.
- (필수) datatime 모듈 사용, date 클래스를 만들고 today( ) 메서드를 구성하여 사용
- (수행 결과) "오늘의 날짜는 : 2023-05-04"

6. 동물(Animal) 클래스를 상속받는 Cat 클래스를 생성하여 다음 코드를 완성하시오.
- (필수) Animal 클래스의 eat( ) 메서드를 오버라이딩하여 사용
- (수행 결과) "고양이가 생선을 먹는다."

```python
class Animal :
    def __init__(self, name, age) :
        self.name = name
        self.age = age

    def eat(self):
        print(f"{self.name}가 밥을 먹는다.")


class Cat(Animal) :
    def __init__(self, name, age, color) :
        super( ).__init__(name, age)

    def meow(self) :
        print("야옹!")
```

제 **3** 장

파일 및 디렉터리의 읽기, 쓰기, 생성, 복사

🔍 학습 목표
1. 파일 입출력 함수를 통해 외부 파일의 내용을 읽고, 쓸 수 있다.
2. 디렉터리 접근을 통해 파일 입출력 및 파일 생성, 복사를 할 수 있다.

3-1 파일 입출력

1 파일 입출력이란?

(1) 파일 입출력 함수

파일에 저장된 내용을 읽고 쓰는 동작은 파일 객체(File Object)를 사용하여 수행한다. 파일 입출력은 일반적으로 텍스트 파일을 다룰 때 사용되며 TXT, CSV, JSON, XML 등 다양한 형식의 파일을 읽고 쓸 수 있다.

(2) 파일 입출력의 사용 용도

① **로그 파일 확인** : 서버에서 발생하는 일들을 개발자가 일일이 확인할 수 없기 때문에 로그 파일을 남기고 읽어서 문제를 해결할 수 있다. 이때에는 주로 확장자명이 TXT 파일인 형식을 사용한다.

```
📄  이벤트로그.txt                    ×   +
파일    편집    보기

수준    날짜 및 시간     원본      이벤트 ID      작업 범주
정보    2023-05-01 오후 11:04:10 Microsoft-Windows-Security-SPP  16384    없음    2123-04-15T14:04:10Z에 다시 시작하도록 소
정보    2023-05-01 오후 11:03:40 Microsoft-Windows-Security-SPP  16394    없음    오프라인 하위 마이그레이션에 실패했습니다.
정보    2023-05-01 오후 9:41:40 Microsoft-Windows-Security-SPP  16384    없음    2123-04-15T12:41:40Z에 다시 시작하도록 소
정보    2023-05-01 오후 9:41:10 Microsoft-Windows-Security-SPP  16394    없음    오프라인 하위 마이그레이션에 실패했습니다.
정보    2023-05-01 오후 9:24:30 Microsoft-Windows-Security-SPP  16384    없음    2123-04-15T12:24:30Z에 다시 시작하도록 소
정보    2023-05-01 오후 9:24:00 Microsoft-Windows-Security-SPP  16394    없음    오프라인 하위 마이그레이션에 실패했습니다.
정보    2023-05-01 오후 9:23:56 HancomUpdateService2022 22220   없음    HancomUpdateService2022 Background Download Suc
정보    2023-05-01 오후 8:28:30 ESENT    326      일반    "svchost (16372,D,50) DS_Token_DB: 데이터베이스 엔진이 데이터베

저장된 캐시: 1 0
추가 데이터: lgposAttach = 00000057:0004:0268,
dbv = 1568.230.500 (9480)
```

그림 Ⅳ-22 로그 파일 예시

② **데이터베이스 백업용 :** 데이터베이스의 백업 파일을 생성하거나, 백업 파일을 읽어서 데이터베이스를 복원하는 작업에서 파일 입출력이 사용된다. 이때에는 주로 확장자명이 CSV 파일인 형식을 사용한다. 확장자가 CSV인 파일의 내부는 내용을 보면 일반적으로 콤마(,)로 구분되며, 한 컬럼에 여러 가지 데이터가 들어갈 경우에는 큰 따옴표 (“ ”)를 사용하여 구분한다.

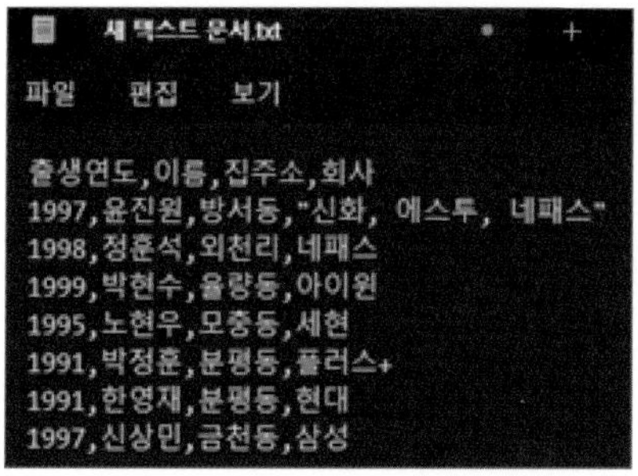
새 텍스트 문서.txt
파일 편집 보기

```
출생연도,이름,집주소,회사
1997,윤진원,방서동,"신화, 에스투, 네패스"
1998,정훈석,외천리,네패스
1999,박현수,율량동,아이원
1995,노현우,모충동,세현
1991,박정훈,분평동,플러스+
1991,한영재,분평동,현대
1997,신상민,금천동,삼성
```

그림 Ⅳ-23 CSV 파일 예시

③ **텍스트 데이터용 :** 텍스트 파일을 읽어 특정 문자열을 검색하고, 원하는 데이터를 텍스트 파일에 데이터를 추가하는 작업에서 사용하고, JSON 형식의 파일로 저장하는 작업을 한다.

```
{ "users":[
            {
                "firstName":"Ray",
                "lastName":"Villalobos",
                "joined": {
                    "month":"January",
                    "day":12,
                    "year":2012
                }
            },
            {
                "firstName":"John",
                "lastName":"Jones",
                "joined": {
                    "month":"April",
                    "day":28,
                    "year":2010
                }
            }
    ]}
```

그림 Ⅳ-24 JSON 파일 형식
(출처 : https://zeddios.tistory.com/90)

④ **설정 파일 세팅 :** 프로그램의 설정을 담당하는 파일을 만들어 설정 값을 변경하거나, 새로운 설정을 생성하는 작업 파일에서 사용하고 “.ini” 파일을 읽어 프로그램의 기본설정을 세팅하거나, XML 파일에 설정 값을 저장하는 작업 등을 한다.

그림 Ⅳ-25   '.ini' 파일 세팅

(출처 : https://learn.microsoft.com/ko-kr/dotnet/standard/linq/sample-xml-file-numerical-data)

2 텍스트 파일(.txt) 읽고 쓰기 방법

(1) 파일 열기

파일의 내용을 읽고 쓰기 위해서는 파일을 열어야만 한다. 파일을 열기 위해서는 내장 함수인 'open( )' 함수를 사용해야 한다. 그리고 파일 객체를 통해 텍스트 파일(.txt)을 입출력하게 된다. 'open( )' 함수의 사용 인자는 확장자와 파일일 경로가 포함된 파일명과 파일 모드 문자열이다.

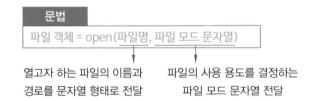

(2) 파일 닫기

파일 입출력 작업이 모두 끝나면 파일 객체를 통한 'close( )' 함수를 사용하여 해당 파일을 닫아주어야 한다.

```
파일 열고 닫기 예제
fp = open('test.txt', 'w')
...
fp.close()
```

(3) 파일 모드 세팅 방법

① 다음 표에서 보는 것과 같이, 파일 모드는 해당 파일의 사용 용도를 결정하고 파일의 데이터를 어떤 방식으로 입/출력할지를 결정하는 역할을 한다. 파일 모드 문자열을 생략할 경우에는 읽기 전용 모드(read mode)로 정의된다.

r (read mode)	읽기 전용 모드(기본값)
w (write mode)	쓰기 전용 모드
a (append mode)	파일의 마지막에 새로운 데이터를 추가하는 모드

② **'t' 또는 'b' 모드 제공** : 파일 모드 문자열 부분에 't' 또는 'b' 모드를 사용하면 파일의 데이터를 어떤 방식으로 입/출력할지를 결정할 수 있다. 만약 't' 또는 'b' 모드를 생략하게 되면 파일은 텍스트 모드(text mode)로 정의된다.

t (text mode)	해당 파일의 데이터를 텍스트 파일로 인식하고 입출력함(기본값)
b(binary mode)	해당 파일의 데이터를 바이너리 파일로 인식하고 입출력함

③ **'x' 또는 '+' 모드 제공** : 'x' 또는 '+'를 통해 파일 모드 문자열을 추가할 수 있다.

x (exclusive mode)	열고자 하는 파일이 이미 존재하면 파일 개방에 실패함
+ (update mode)	파일을 읽을 수도 있고 쓸 수도 있도록 개방함

(4) 파일 쓰기 방법

① **파일에 내용을 쓰기 위해 제공되는 함수들** : 'write( )', 'writelines( )' 함수

② **'a' 모드 사용한 파일 쓰기 방법** : 기존에 존재하는 파일에 새로운 내용을 추가할 때 사용되며 추가된 내용은 기존 파일에 내용이 있는 경우 맨 아래쪽에 추가된다. 다음 예제 코드는 'test.txt' 파일에 문자열을 추가하는 방법에 대한 내용으로 기존 파일 안에 데이터가 존재하기 때문에 기존 파일 내용의 맨 아래쪽에 추가하려는 문자열이 기록된다.

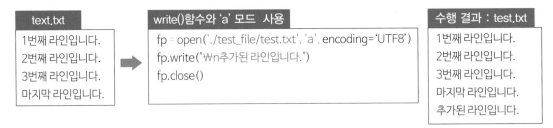

③ **쓰기 전용 모드인 'wt' 모드 사용 예시** : 쓰려고 하는 파일에 같은 이름의 파일이 이미 존재하면, 이미 존재하는 해당 파일에 저장되어 있는 모든 내용을 제거한 후 파일을 열게 되기 때문에 쓰기 전용 모드를 사용할 경우에는 이 점을 주의해야 한다. 다음 예제 코드는 개발하고 있는 현재 파일 경로 위치에 존재하는 'test_file' 폴더 안에 'test1.txt' 파일을 생성하여 '삼성전자', 'LG전자', 'SK하이닉스' 문자열을 기록하는 예제이다.

(5) 파일 읽기 방법

① **파일의 내용을 읽기 위해 제공되는 함수들** : read( ), readline( ), readlines( ) 함수

② **read( ) 함수** : 해당 파일의 모든 내용을 읽어들여 하나의 문자열로 반환

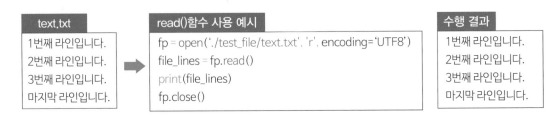

③ **readline( ) 함수** : 해당 파일의 내용을 한 라인씩 읽어들여 문자열로 반환하는 함수이다. 그리고 파일의 끝(EOF)에 도달하여 더 이상 가져올 라인이 없을 경우에는 'None'을 반환한다. EOF의 의미는 End of File의 약어로, 파일의 끝을 표현한 상수로 '−1' 값을 지칭한다.

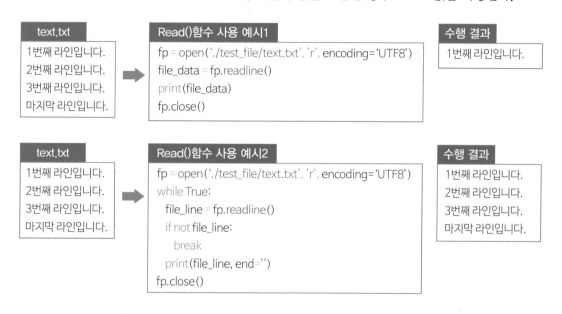

④ **readlines( ) 함수** : 해당 파일의 모든 라인을 순서대로 읽어들여 각각의 라인을 하나의 요소로 저장하며 하나의 리스트로 반환한다. 'readlines( )' 함수를 사용하여 파일의 내용을 읽어들일 때에는 개행 문자(' \n')까지 모두 저장되기 때문에 주의를 기울여야 한다.

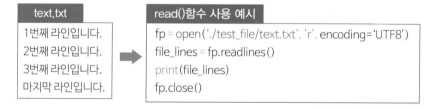

read()함수 사용 예시
fp = open('./test_file/text.txt', 'r', encoding='UTF8') file_lines = fp.readlines() print(file_lines) fp.close()

수행 결과
['1번째 라인입니다. ₩n', '2번째 라인입니다.₩n', '3번째 라인입니다.₩n', '마지막 라인입니다.']

(6) 자동으로 파일을 닫을 수 있는 방법

① **'with' 키워드 사용 :** with문을 사용하면 해당 with 블록을 벗어남과 동시에 개방되었던 파일 객체를 자동으로 닫아두기 때문에 'close( )' 함수를 사용하지 않아도 된다. 따라서 파일 읽고 쓰기를 할 경우, 'with'문을 사용하면 열고 작업한 파일을 일일이 닫는 수고를 덜어주기 때문에 코드의 가독성을 향상시킬 수 있다. 다음 예제 코드는 'with'문을 사용하지 않았을 경우(예제 1)의 코드 작성 방법과 'with'문을 사용했을 경우(예제 2)의 코드 작성 방법이다.

> **문법**
>
> with open(파일명, 파일 모드 문자열) as 파일 객체 :
>   수행할 명령문

> **예제 1**
>
> ```
> fp = open('./test_file/test.txt', 'r',
> encoding='UTF8')
> file_data = fp.read()
> print(file_data)
> fp.close()
> ```

VS.

> **예제 2**
>
> ```
> with open('./test_file/test.txt', 'r', encodi
> ng='UTF8') as fp:
>     file_data = fp.read()
>     print(file_data)
> ```

3 엑셀 파일(.xlsx) 읽기, 수정, 쓰기

(1) 엑셀(Excel) 파일을 읽고 쓰기할 수 있는 모듈 설치 방법

엑셀 파일을 읽고 쓰기 위해서는 'openpyxl', 'pandas', 'xlrd' 모듈을 설치해야 하며, 각 모듈을 설치한 후에는 '.xlsx'로 구성된 파일들을 읽고 쓸 수 있다. 'pandas' 모듈은 데이터 분석을 위한 많은 Tool을 지원하기 때문에 'pandas'로 접근하는 것을 추천한다. 그리고 'pandas' 모듈은 내부적으로 'openpyxl', 'xlrd'를 사용하기 때문에 함께 설치해야 한다. 설치 방법은 'Ctrl + Alt + s' → Settings 창 → 'Project' 옵션 → 'Python Interpreter' 선택 → 'pip' 더블 클릭 → 검색 창에서 'openpyxl', 'pandas', 'xlrd'을 검색하여 설치(Install Package 클릭)하면 된다.

> pip install xlrd
> pip install openpyxl
> pip install pandas

(2) 엑셀(Excel) 파일 읽기 방법

'pandas' 모듈을 통해 Excel 파일을 읽으려면 'read_excel( )' 함수를 사용해야 한다. 다음 코드를 실행하면 'data' 폴더 안에 있는 'test1.xlsx' 파일의 내용이 출력된다.

'file_name' 변수에 지정된 경로를 살펴보면 '../'는 현재 프로젝트 파일 기준으로 이전 폴더의 위치를 말하며, '../../' 이면 현재 프로젝트 파일 위치에서 이전, 이전 폴더의 위치를 말한다. 만약 읽으려는 'test1.xlsx' 파일의 위치 경로를 잘못 설정하면 'FileNotFoundError: [Errno 2]　No such file or directory'과 같은 에러 메시지를 확인할 수 있기 때문에 읽으려는 파일의 경로 설정에 유의해야 한다. 그림 Ⅳ-26 예제 코드는 'read_excel( )' 함수를 사용하여 엑셀 파일의 내용을 읽는 기본 방법이다.

그림 Ⅳ-26　엑셀 파일 읽기 방법 (1)

엑셀에는 여러 개의 시트가 존재할 수 있다. 위 코드는 가장 첫 번째 위치에 있는 시트의 내용을 읽어오는 예제 코드이다. 만약, 여러 개의 시트가 존재하고 특정 시트의 내용을 읽고 싶을 경우에는 'sheet_name' 옵션을 사용하여 접근하면 된다. 그림 IV-27 예제 코드는 시트를 직접 지정하여 원하는 시트를 가져오는 방법에 관한 예제이다. 저자는 엑셀 파일 안에 2개의 시트('A반', 'B반')를 만들고 'B반' 시트의 내용을 읽어오도록 하였다.

그림 IV-27 엑셀 파일 읽기 방법 (2)

위 코드의 'read_excel(file_name, sheet_name='B반')' 부분을 살펴보면, 'sheet_name'에 원하는 시트의 명을 작성하여 원하는 시트의 내용을 읽어 올 수 있게 하였다. 만약, 원하는 시트를 여러 개 가져오고 싶다면 'sheet_name' 옵션에 리스트 형태의 인자 값을 전달하면 된다.

예를 들면, 엑셀 파일의 시트가 'A반', 'B반'으로 시트 이름이 지정되어 있고, 두 시트의 내용을 모두 읽어 오고 싶다면 **그림 IV-28** 예제 코드와 같이, 'df = read_excel(file_name, sheet_name=['A반', 'B반'])'으로 코드를 작성하면 된다. 그리고 읽어온 시트를 각각 출력하고 싶다면 'print(df['A반'])', print(df['B반'])으로 코드를 작성하면 된다. 또한, 엑셀 파일의 모든 Sheet의 내용을 읽어오고 싶다면 'sheet_name=None'을 통해 모든 Sheet의 내용을 읽어오도록 설정하면 된다.

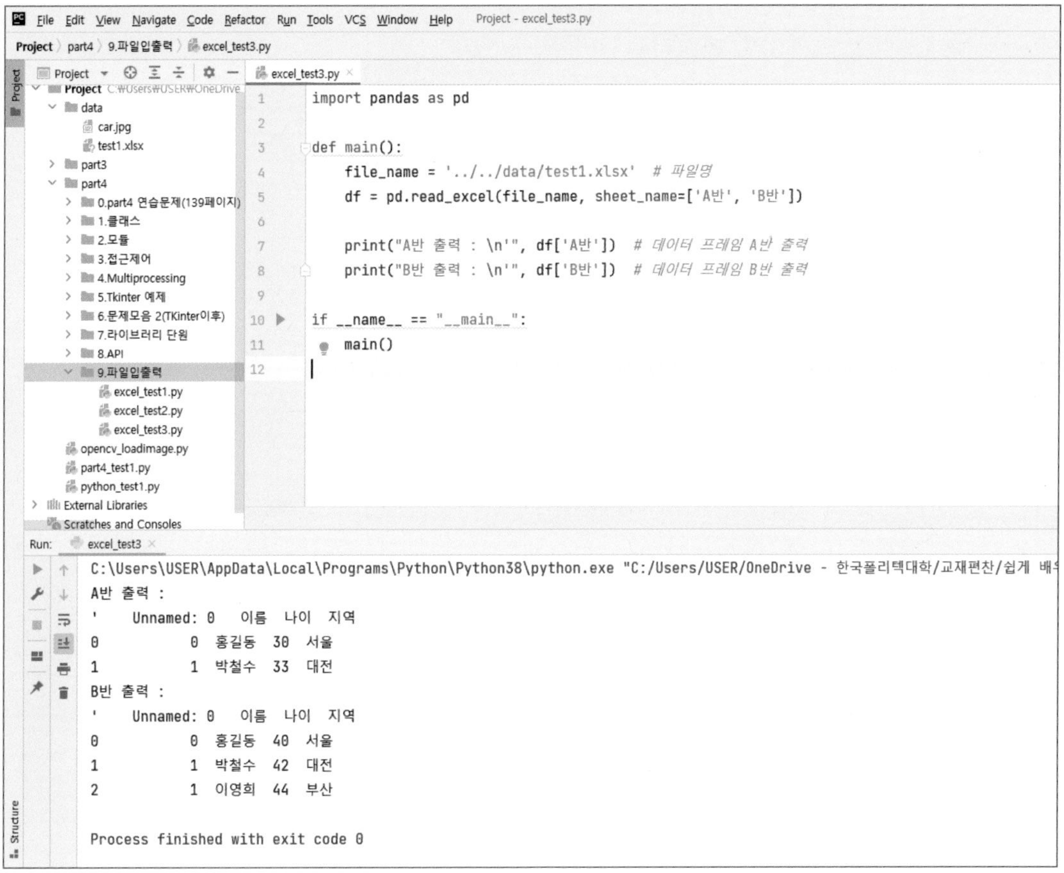

그림 IV-28   엑셀 파일 읽기 방법 (3)

(3) 엑셀(Excel) 파일의 내부 내용 수정, 추가 방법

우리는 위 예제 프로그램을 통해 'read_excel( )' 함수를 사용하여 데이터 프레임을 얻어 올 수 있는 방법을 확인하였다. 데이터 프레임이란 Excel 시트의 행과 열의 구조로 이뤄진 데이터 구조를 말한다. Python에서는 개발자가 해당 프레임의 데이터에 직접 접근하여 데이터를 수정할 수 있다.

다음 코드는 첫 번째 시트 'A반'에 대한 내용에서 1번 행의 '나이'를 '33'에서 '50'으로 변경하는 방법에 관한 프로그램 예제이다. 다음 코드의 12번째 라인을 확인해 보면 데이터 변경 방법을 확인할 수 있다. 'loc( )' 함수는 Location의 약자로 데이터 프레임의 행 또는 열의 라벨(Label)이나 불리언 어레이(Boolean Array)로 인덱싱하는 방법을 내포하고 있다. 즉, 행 또는 열을 직접 작성하거나 특정 조건식을 작성하여 개발자가 데이터를 읽어 올 수 있도록 접근할 수 있게 하는 함수이다. 본 함수의 'loc[행 인덱싱 값, 열 인덱싱 값]' 으로 구성되어 있다. 주의 사항으로 해당 프레임의 데이터 안에 띄어쓰기 등이 들어 있으면 띄어쓰기까지 인덱싱명에 반영해야 원하는 프레임의 데이터를 수정할 수 있다.

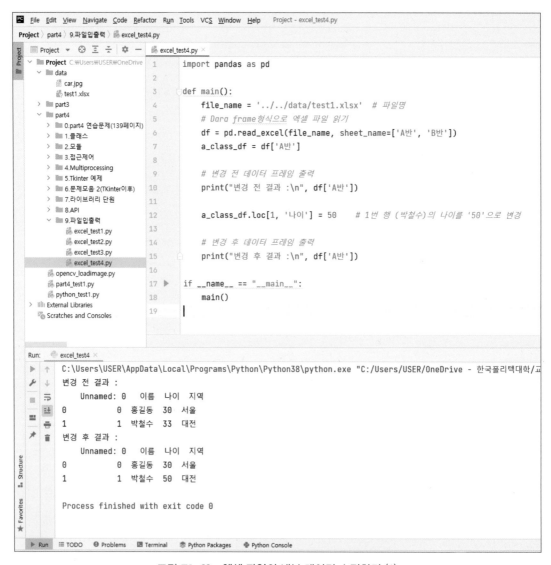

그림 Ⅳ-29   엑셀 파일의 내부 데이터 수정하기 (1)

그림 Ⅳ-30 코드는 엑셀의 첫 번째 시트('A반' 시트)의 내용에서 2번째 행에 '2, 김서방, 20, 서울' 이라는 데이터를 추가하는 프로그램이다. 12번째 라인을 확인해 보면 데이터 추가 방법을 확인할 수 있다.

그림 Ⅳ-30　엑셀 파일의 내부 데이터 추가하기 (2)

(4) 엑셀(Excel) 파일에 데이터 쓰기

① 'ExcelWriter( )', 'to_excel( )' 함수 사용 : 필요한 데이터를 엑셀에 쓰려면 'ExcelWriter ( )', 'to_excel( )' 함수가 사용된다. 다음 코드를 수행 후, 엑셀 파일을 확인해 보면 데이터가 엑셀의 'A반' 시트에 기록된 것을 확인할 수 있다. 이때 사용된 함수가 'ExcelWriter ( )', 'to_excel( )' 함수이며, 15번 라인을 통해 확인할 수 있다. 그리고 쓰려는 데이터는 13번 라인에서 확인할 수 있다.

그림 IV-31 엑셀 파일에 데이터 쓰기 (1)

하지만 결과를 확인해 보면, 원하지 않은 데이터가 첫 열에 '0', '1', '2' 라는 Index 값이 추가된 것을 확인할 수 있다. 이는 to_excel 함수에 'index=False' 옵션을 추가하면 해결할 수 있다. 또한 두 번째 시트 'B반' 시트가 사라진 것을 확인할 수 있는데 **그림 IV-32** 프로그램처럼 'B반' 시트도 함께 코드에 추가하여 함께 파일이 작성될 수 있도록 만들어 주면 된다.

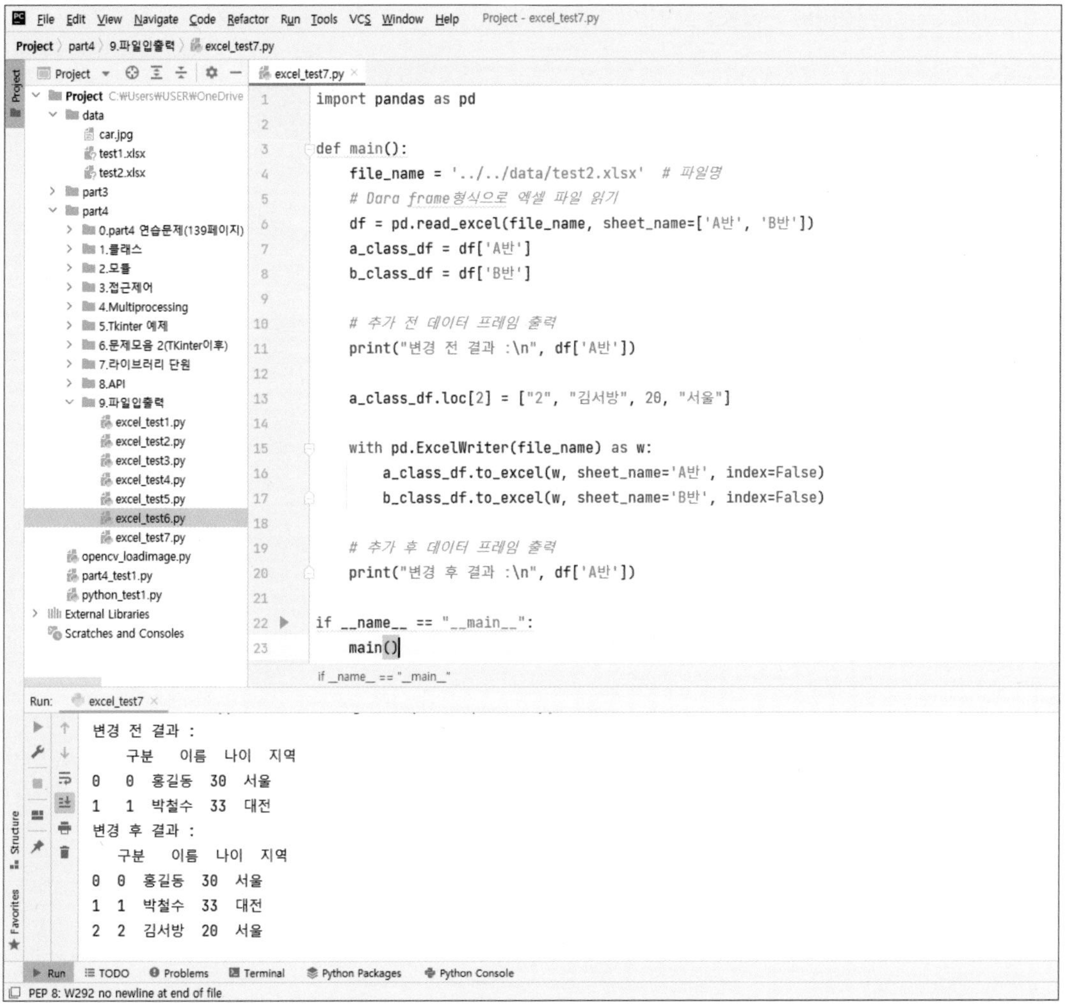

```python
import pandas as pd

def main():
    file_name = '../../data/test2.xlsx'  # 파일명
    # Dara frame 형식으로 엑셀 파일 읽기
    df = pd.read_excel(file_name, sheet_name=['A반', 'B반'])
    a_class_df = df['A반']
    b_class_df = df['B반']

    # 추가 전 데이터 프레임 출력
    print("변경 전 결과 :\n", df['A반'])

    a_class_df.loc[2] = ["2", "김서방", 20, "서울"]

    with pd.ExcelWriter(file_name) as w:
        a_class_df.to_excel(w, sheet_name='A반', index=False)
        b_class_df.to_excel(w, sheet_name='B반', index=False)

    # 추가 후 데이터 프레임 출력
    print("변경 후 결과 :\n", df['A반'])

if __name__ == "__main__":
    main()
```

Run:
```
변경 전 결과 :
    구분   이름   나이  지역
0   0   홍길동   30  서울
1   1   박철수   33  대전
변경 후 결과 :
    구분   이름   나이  지역
0   0   홍길동   30  서울
1   1   박철수   33  대전
2   2   김서방   20  서울
```

PEP 8: W292 no newline at end of file

그림 Ⅳ-32 엑셀 파일에 데이터 쓰기 (2)

3-2 디렉터리 제어

1 현재 경로 확인 및 디렉터리(Directory) 변경 방법

(1) OS 모듈

파이썬에서는 현재 경로를 확인하거나 디렉터리 경로를 지정, 변경하기 위해서는 OS 모듈을 사용한다.

(2) 현재 경로(현재 폴더 위치) 확인 방법 : 'os.getcwd( )' 함수 사용

사용 방법	실행 결과
import os path = os.getcwd( ) print(path)	D:\쉽게 배우는 파이썬 프로그래밍\ver2.0\코드\Project\part4\10.디렉터리 제어

(3) 현재 위치에서 한 단계 앞의 디렉터리 이동 방법 : 'os.chdir( )' 함수 사용

다음 코드의 예제는 현재 위치에서 한 단계 앞의 디렉터리로 이동('../' 사용)하는 방법이다.

사용 방법	실행 결과
import os os.chdir("../") path = os.getcwd( ) print(path)	D:\쉽게 배우는 파이썬 프로그래밍\ver2.0\코드\Project\part4

2 폴더 내 파일 리스트 확인 방법

(1) 현재 폴더를 옮기고 파일 리스트 확인 : 'os.listdir( )' 함수 사용

사용 방법	실행 결과
import os myfile = os.listdir( ) print(myfile)	['dirc_test1.py', 'dirc_test2.py']

(2) 특정 디렉터리 이동 후 파일 리스트 확인 방법

사용 방법	실행 결과
import os os.chdir("../9.파일 입출력") path = os.getcwd( ) myfile = os.listdir( ) print("Read Path :\n", path) print("Read File List :\n", myfile)	Read Path : D:\쉽게 배우는 파이썬 프로그래밍\ver2.0\코드\Project\part4\9.파일 입출력 Read File List : ['excel_test1.py', 'excel_test2.py', 'excel_test3.py', 'excel_test4.py', 'excel_test5.py', 'excel_test6.py', 'excel_test7.py']

3 특정 파일에서 파일명 또는 경로 확인 방법

- 특정 파일의 경로만 추출 방법 : 'os.path.dirname( )' 함수 사용
- 경로(Path)를 제외하고 파일명만 가져오기 방법 : 'os.path.basename( )' 함수 사용

사용 방법

import os
 	
print("현재 파일 이름 :\n", __file__)
print("현재 파일 실제 경로 :\n", os.path.realpath(__file__))
print("현재 파일 절대 경로 :\n", os.path.abspath(__file__))
 	
#현재 작업 파일에서 경로만 추출
path = os.path.dirname(os.path.realpath(__file__))
print("현재 경로 :\n", path)
 	
#현재 작업 경로에서 파일명만 추출
filename = os.path.basename(os.path.realpath(__file__))
print("현재 파일명 :\n", filename)

실행 결과
현재 파일 이름 : D:\쉽게 배우는 파이썬 프로그래밍/ver2.0/코드/Project/part4/10.디렉터리 제어/dirc_test4.py 현재 파일 실제 경로 : D:\쉽게 배우는 파이썬 프로그래밍\ver2.0\코드\Project\part4\10.디렉터리 제어\dirc_test4.py 현재 파일 절대 경로 : D:\쉽게 배우는 파이썬 프로그래밍\ver2.0\코드\Project\part4\10.디렉터리 제어\dirc_test4.py 현재 경로 : D:\쉽게 배우는 파이썬 프로그래밍\ver2.0\코드\Project\part4\10.디렉터리 제어 현재 파일명 : dirc_test5.py

④ 파일과 디렉터리 분리와 구분, 합치기 방법

- 파일 경로에서 폴더와 파일명을 분리할 때 사용 방법 : 'os.path.split( )' 함수 사용
- 파일인지 확인하는 방법 : 'os.path.isfile( )' 함수 사용

  반환 값이 'True'이면 파일, 'False'이면 파일이 아니다.
- 디렉터리(폴더)인지 확인 방법 : 'os.path.isdir( )' 함수 사용

  반환 값이 'True'이면 디렉터리, 'False'이면 디렉터리가 아니다.
- 파일명과 경로명을 합치기 방법 : 'os.path.join( )' 함수를 사용하면 파일명과 경로명 합치기 가능
- 파일의 크기 확인 방법 : 'os.path.getsize( )' 함수를 사용하면 파일의 크기 확인 가능

사용 방법

```
import os
path = os.path.realpath(__file__)

#폴더와 파일명 분리
dir, file = os.path.split(os.path.realpath(__file__))
print("폴더 :\n", dir)
print("파일명 :\n", file)

#파일인지 확인
print("결과1 :", os.path.isfile(path))
print("결과2 :", os.path.isfile(dir))

#폴더인지 확인
print("결과3 :", os.path.isdir(path))
print("결과4 :", os.path.isdir(dir))

#폴더명과 파일명 합치기
print("결과5 :", os.path.join(dir, file))

#파일 크기 확인
print("결과6 :", os.path.getsize(path))
```

실행 결과
폴더 : 　D:\쉽게 배우는 파이썬 프로그래밍\ver2.0\코드\Project\part4\10.디렉터리 제어 파일명 : 　dirc_test5.py 결과1 : True 결과2 : False 결과3 : False 결과4 : True 결과5 : D:\쉽게 배우는 파이썬 프로그래밍\ver2.0\코드\Project\part4\10.디렉터리 제어\ 　　　dirc_test5.py 결과6 : 562

5 파일명과 확장자 분리

● os.path.splitext( ) 함수 사용 : 파일명과 확장자를 분리할 때 사용한다.

사용 방법	실행 결과
import os path = os.path.realpath(__file__) name, ext = os.path.splitext(path) print("파일명 :", name) print("확장자 :", ext)	파일명 : D:\쉽게 배우는 파이썬 프로그래밍\ ver2.0\코드\Project\part4\10.디렉터리 제어 \dirc_test6 확장자 : .py

6 파일 이동과 디렉터리 이동

(1) 파일 이동 방법

① shutil.move(src, des) 사용 : 'src' 경로의 파일을 'des' 경로로 이동시킨다. 'src'의 파일은 없어지고, 'des'의 파일 이름으로 이동한다. 그리고 'des' 경로가 폴더라면 그 폴더 안으로 옮겨지며 'src'와 'des' 부분이 모두 폴더 경로라면 디렉터리 이동이 가능하다.

② 다음 코드는 파일의 이동과 디렉터리 이동에 관한 예제로 본 코드를 에러 없이 수행하려면 작업하는 현재 경로에 두 개의 디렉터리를 ('testDirectory1', 'testDirectory2') 만들고 'testDirectory1' 안에 'my_test.txt' 파일이 있으면 에러 없이 수행된다.

사용 방법	실행 결과
```import os import shutil # test1 : 파일 이동 shutil.move('./testDirectory1/my_test.txt', './testDirectory2/ my_test_moved.txt') if os.path.exists('testDirectory2/my_test_moved.txt') : print("test1 결과 : exists") # test2 : 폴더 안으로 파일 옮기기 shutil.move('./testDirectory2/my_test_moved.txt', './ testDirectory1') if os.path.exists('./testDirectory1/my_test_moved.txt') : print("test2 결과 : exists") # test3 :디렉터리 이동 shutil.move('./testDirectory2', './testDirectory1') if os.path.exists('testDirectory1/my_test_moved.txt') : print("test3 결과 : exists")```	test1 결과 : exists test2 결과 : exists test3 결과 : exists

연습 문제

1. 현재 작업 중인 프로젝트의 경로에서 현재 파일의 파일명만 출력할 수 있는 코드를 작성하시오.

- (필수) os.path.split( ) 함수 사용

2. 현재 작업 중인 폴더의 이전 경로 폴더에 랜덤 파일 3개를 생성한 후, 현재 코드에서 이전 경로 폴더에 랜덤 파일 3개의 리스트를 출력하는 프로그램을 작성하시오.

3. 현재 작업 중인 폴더에 파일 3개('test1.py', 'test2.py', 'test3.py')를 생성한 후, 현재 코드에서 'test2.py' 파일 존재 여부를 판단할 수 있는 코드를 작성하시오.

4. 현재 작업 중인 폴더에 파일 3개('test1.py', 'test2.py', 'test3.py')를 생성한 후, 현재 작업 중인 이전 경로의 폴더에 3개의 파일을 이동시키는 코드를 작성하시오.

제 **5** 부

파이썬 프로그래밍
고급

〈그림자료 : https://velog.io/@yeonu/파이썬-세트〉

단원소개

　이 단원에서는 파이썬의 패키지와 라이브러리들을 활용하여 파이썬 고급 과정을 실습 예제와 함께 알아보자. 패키지는 여러 모듈의 집합으로 구성되어 있으며, 파이썬에서 코드를 구조화하고 재사용성을 높이는 데 중요한 역할을 한다. 우리는 기본적으로 제공되는 파이썬 표준 라이브러리를 포함하여 다양한 패키지를 활용할 수 있다. 파이썬의 패키지 관리자인 'pip'를 사용하여 외부 라이브러리를 설치하고 활용하는 방법을 배우게 된다. 외부 라이브러리는 파이썬 개발자들이 개발한 다양한 기능을 제공하는 도구이며, 파이썬의 생태계를 풍부하게 만든다. 이러한 라이브러리들은 데이터 분석, 웹 개발, 인공지능, 게임 개발 등 다양한 분야에서 활용된다.

# 제 1 장

프로그램 다중 처리

🔍 학습 목표
1. 파이썬 언어를 통해 멀티 스레드 코드를 작성하여 개발 프로젝트에 활용할 수 있다.
2. 멀티 스레드와 멀티 프로세서의 차이를 이해하고, 그 차이를 활용하여 프로젝트에 적용할 수 있다.

1-1 다중 처리

(1) 다중 처리(Multiprocessing)란?

Multiprocessing에는 Thread와 Process에 대한 두 가지 개념을 내포하고 있다. Process는 독립적인 메모리 공간, 자원 그리고 실행 상태를 가지며 하나의 Process는 다른 Process와 독립적으로 실행되는 특징이 있다. 반면, Thread는 Process 내부에서 실행되는 하나의 실행 단위로, Process 메모리 공간을 공유한다. 그리고 한 프로세스 내의 여러 스레드들은 같은 데이터를 공유하며 작업을 수행한다.

(2) Process 사용에 따른 장점
① 각 프로세스는 독립된 메모리 공간을 가지며, 프로세스 간에 데이터를 공유하지 않는다.
② 하나의 프로세스가 오류를 발생시켜도 다른 프로세스에 영향을 미치지 않는다.

(3) Thread 사용에 따른 장점
① Thread는 프로세스에 비해 적은 자원을 사용하며, 생성과 전환 속도가 빠르다.
② 스레드 간 통신은 같은 프로세스 내에서 이루어지므로 프로세스 대비 상대적으로 간단하다.

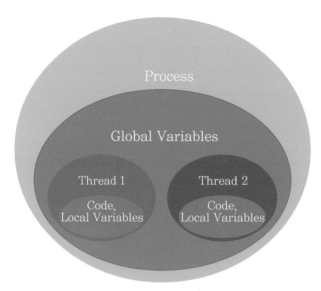

그림 Ⅴ-1 Process vs. Thread 구성 범위

> **tip**
> • 멀티 프로세싱에서 인터럽트(Interrupt)도 멀티 프로세싱의 구성 요소에 포함하는 경우가 있다. 인터 럽트는 동시에 진행하는 것처럼 보이지만 실제로는 인터럽트가 발생하면 잠시 인터럽트 구문을 처 리하고, 처리 이후에는 나머지 남은 구문을 수행하게 된다. 따라서 이런 특징으로 인해 본 구성에 서는 인터럽트를 멀티 프로세싱의 구성에서 제외하였다.
> • 파이썬을 이용한 Serial 통신이나 Bluetooth 통신, DB와 연결 등의 프로그램을 작성하여 동작하면서 동시에 다른 쪽의 처리 구문을 멈추지 않고 동작해야 하는 경우 멀티 프로세싱 또는 멀티 스레드 를 사용한다.

1-2 멀티 프로세스(Process) 사용 방법

(1) 멀티 프로세스(Process)의 동작 방식

수행 중인 프로그램은 프로세스 내에서 동작하며 각각의 프로세스는 별도의 메모리 (Memory)와 Stack, 프로그램 카운팅 등을 가진다. 또한 프로그램은 독립적인 프로세서에서 동작하는 방식으로 운영된다. 다음 코드의 수행 결과를 보면, Process를 미사용한 코드의 결 과는 'Func1( )'의 함수 수행이 끝난 후에 'Func2( )'의 함수가 수행되는 것을 확인할 수가 있 으며, Process를 사용한 코드는 'Func1( )' 함수가 수행되는 과정에서 'Func2( )'의 함수가 수 행되는 것을 확인할 수 있다. 이처럼 Process를 사용하게 되면 하나 이상의 기능을 함께 진행 할 수 있게 된다.

Process 미적용	Process 적용
예제 코드	예제 코드

Process 미적용	Process 적용

<pre>from multiprocessing import Process
import time
 	
def Func1( ) :
    print("Start Func.1")
    time.sleep(3)
    print("End Func.1")
 	
def Func2( ) :
    print("Start Func.2")
    time.sleep(6)
    print("End Func.2")
 	
def main( ):
    Func1( )
    Func2( )
 	
if __name__ == "__main__":
    main( )</pre>
	<pre>from multiprocessing import Process
	import time
	
	def Func1( ) :
	    print("Start Func.1")
	    time.sleep(3)
	    print("End Func.1")
	
	def Func2( ) :
	    print("Start Func.2")
	    time.sleep(6)
	    print("End Func.2")
	
	def main( ):
	    p1 = Process(target=Func1)
	    p2 = Process(target=Func2)
	    p1.start( )
	    p2.start( )
	    p1.join( )
	    p2.join( )
	    print("Both functions have completed.")
	
	if __name__ == "__main__":
	    main( )</pre>

실행 결과	실행 결과

<pre>Start Func.1
End Func.1
Start Func.2
End Func.2</pre>
	<pre>Start Func.1
	Start Func.2
	End Func.1
	End Func.2
	Both functions have completed.</pre>

tip

- **스택(Stack)** : "쌓다"라는 의미로 데이터를 메모리에 차곡차곡 쌓아 올린 형태의 자료 구조를 의미한다. 즉, 데이터가 순서대로 쌓이면 가장 마지막에 삽입된 자료가 가장 먼저 삭제되는 구조를 가진다.
- **큐(Queue)** : 스택과 다르게 먼저 들어온 데이터가 먼저 나가는 "선입선출" 구조(FIFO, First In First Out)를 가진다.

(2) Process 기본 구성의 이해

① 'start( )' 메서드 사용

다음 예제 코드에서 보는 것과 같이, 'target' 인자로 실행할 함수를 전달하고 'Process' 객체를 생성한 후, 'start( )' 메서드를 통해 프로세스를 실행하면 Process의 기본 코드가 완성된다.

예제 코드

```python
from multiprocessing import Process
import time

def Func1( ) :
    print("Start Func.1")
    time.sleep(3)
    print("End Func.1")

def main( ):
    p1 = Process(target=Func1)
    p1.start( )

if __name__ == "__main__":
    main( )
```

실행 결과

```
Start Func.1
End Func.1
```

② 'join( )' 메서드 사용

생성한 프로세스가 끝날 때까지 다른 프로세스를 기다리게 한다. 따라서 다음 코드에서 보는 것과 같이, 'join( )' 메서드를 사용하지 않은 프로그램에서는 'print("완료")'가 먼저 실행되고 'p1' 객체에 할당된 프로세스가 동작되는 것을 확인할 수 있다. 그리고 'join( )' 메서드를 사용한 프로그램은 'p1' 객체에 할당된 프로세스의 동작이 끝난 후에 'print("완료")'가 실행되는 것을 확인할 수 있다.

join( ) 메서드 미사용	join( ) 메서드 사용
예제 코드	예제 코드

<pre>from multiprocessing import Process
import time
 	
def Func1( ) :
    print("Start Func.1")
    time.sleep(3)
    print("End Func.1")
 	
def main( ):
    p1 = Process(target=Func1)
    p1.start( )
    print("완료")
 	
if __name__ == "__main__":
    main( )</pre>
	<pre>from multiprocessing import Process
	import time
	
	def Func1( ) :
	    print("Start Func.1")
	    time.sleep(3)
	    print("End Func.1")
	
	def main( ):
	    p1 = Process(target=Func1)
	    p1.start( )
	    p1.join( )
	print("완료")
	
	if __name__ == "__main__":
	    main( )</pre>

실행 결과	실행 결과

<pre>완료
Start Func.1
End Func.1</pre>
	<pre>Start Func.1
	End Func.1
	완료</pre>

(3) 사용자 정의 함수의 인자에 값 전달 방법

① 프로세스 사용 시 개발자가 만든 함수에 인자를 전달하는 방법

다음 예제에서 보는 것과 같이, 프로세스 사용 시 개발자가 만든 사용자 정의 함수에 인자 값을 전달하기 위해서는 'args'(positional argument) 인자를 통해 tuple 형태로 값을 전달하면 된다.

인자 1개 전달	인자 2개 전달
예제 코드	예제 코드
```from multiprocessing import Process import time def Func1(param1) : print(param1) def main( ): p1 = Process(target=Func1, args=('인자 1',)) p1.start( ) if __name__ == "__main__": main( )```	```from multiprocessing import Process import time def Func1(param1, param2) : print(param1) print(param2) def main( ): p1 = Process(target=Func1, args=('인자 1', '인자2')) p1.start( ) if __name__ == "__main__": main( )```
실행 결과	실행 결과
인자1	인자1 인자2

② **keyword argument 지정을 통한 인자 값 전달 방법**

다음 예제 코드에서 보는 것과 같이, 인자는 'args' 대신 'kwargs'를 사용하고, 튜블이 아닌 딕셔너리 형태로 값을 넘겨주면 keyword 지정을 통해 인자의 값을 전달할 수 있다.

예제 코드

```
from multiprocessing import Process
import time

def Func1(param1, param2) :
    print(param1)
    print(param2)

def main( ):
    p1 = Process(target=Func1, kwargs={'param1 : '인자1', 'param2 : '인자2'})
    p1.start( )

if __name__ == "__main__":
    main( )
```

실행 결과

```
인자1
인자2
```

(4) 클래스형 Process 사용 방법

클래스형 프로세스는 함수형 프로세스와 비슷하지만 클래스에 Process를 상속한다는 차이를 가지고 있다.

다음 표는 함수형 프로세스와 클래스형 프로세스의 차이를 보여준다.

함수형	클래스형
'args', 'kwargs'로 인자 값을 전달	'__init__' 생성자를 만들 때 인자를 전달
사용할 함수를 'target'에 할당	사용할 함수를 'run' 함수에 구현

다음 예제 코드는 클래스형 Process에 대한 구현 방법을 소개하고 있는 예시 프로그램이다.

예제 코드	실행 결과
| ```python
from multiprocessing import Process
import time

class MyProcssClass1(Process) :
    def __init__(self, param1, param2) :
        super().__init__()
        self.param1 = param1
        self.param2 = param2
    def run(self) :
        print("1번 클라스 결과 :")
        print("class1 :",self.param1)
        time.sleep(3)
        print("class1 :",self.param2)


class MyProcssClass2(Process) :
    def __init__(self, param1, param2) :
        super().__init__()
        self.param1 = param1
        self.param2 = param2
    def run(self) :
        print("2번 클라스 결과 :")
    print("class2 :", self.param1)
    time.sleep(6)
    print("class2 :", self.param2)

def main():
    p1 = MyProcssClass1('인자1', '인자2')
    p2 = MyProcssClass2('인자1', '인자2')
    p1.start()
    p2.start()
    p1.join()
    p2.join()
    print("Both class have completed.")

if __name__ == "__main__":
    main()
``` | 1번 클라스 결과 :<br>class1 : 인자1<br>2번 클라스 결과 :<br>class2 : 인자1<br>class1 : 인자2<br>class2 : 인자2<br>Both class have completed. |
```

1-3　멀티 스레드(Thread) 사용 방법

(1) 멀티 스레딩(Multi Threading)이란?

멀티 프로세스는 각각의 프로세스가 독립된 메모리를 가지며 동작한다. 그래서 개발 보드 (컴퓨터) 내의 자원을 많이 소모할 수밖에 없다. 하지만 스레드(Thread)는 프로세스 내에서 구성되어 내부의 메모리를 공유하면서 각각 동작하므로 개발 프로그램이 가벼워지는 장점을 가지고 있다. 스레드의 특징으로는 메모리 공유 및 독립된 레지스터(Register)를 사용하며 독 립된 스택(Stack)을 사용한다.

(2) Thread의 기본 구성과 이해

'import threading'으로 Thread를 선언한 후, 'thread' 객체를 통해 스레드에서 제공하는 메서드들을 사용하면 된다. 그리고 Thread의 시작은 'start( )' 메서드를 사용하여 시작되며 종료는 'join( )' 메서드를 사용하여 스레드를 종료하면 된다. 다음 예제 코드는 thread에 대한 기본 예제이며 2개의 thread를 실행하여 개발자 정의 함수가 독립적으로 동작하는 것을 확인 할 수 있다. 여기서 'target' 인자는 thread로 동작시킬 함수를 결정하고 'args' 인자는 동작시 킬 함수에 사용될 리스트 형의 입력 값을 의미한다.

예제 코드	실행 결과

``python
import threading as th
import time
 	
def Func1(param1) :
    print("Start Func.1")
    for i in param1 :
        print(i)
        time.sleep(1)
    print("End Func.1")
 	
def Func2(param2) :
    print("Start Func.2")
    for i in param2 :
        print(i)
        time.sleep(3)
    print("End Func.2")
``
	Start Func.1
	1
	Start Func.2
	a
	2
	3
	b
	4
	End Func.1
	c
	d
	End Func.2
	Both functions have completed.

```python
def main( ):
    t1 = th.Thread(target=Func1, args=([1,2,3,4],))
    t2 = th.Thread(target=Func2, args=(["a","b","c","d"],))
    t1.start( )
    t2.start( )
    t1.join( )
    t2.join( )
    print("Both functions have completed.")

if __name__ == "__main__":
    main( )
```

(3) 멀티 스레드(Thread)의 이름과 프로세스명 확인 방법

① 'current_thread( ).name' 함수 사용 : 현재 스레드의 이름과 'os.getpid( )' 함수를 이용하여 현재 프로세스명을 확인할 수 있다. 멀티 프로세스와 다르게 멀티 스레드는 동일한 프로세스를 사용하므로 결과는 다른 스레드 이름을 가지면서 동일한 프로세스명을 가진다. 다음 코드에서 보는 것과 같이, 프로세스 ID는 동일하고 스레드는 각각 다른 이름을 가지는 것을 확인할 수 있다. 그리고 스레드로 동시 진행되는 프로그램이기 때문에 순서가 뒤집혀서 출력될 수 있다.

예제 코드

```python
import threading as th
import os

def Func1( ) :
    print("Start Func.1")
    print("Func1 Thread Name :", th.currentThread( ).name)
    print("Func1 Process ID :", os.getpid( ))
    print("End Func.1")

def Func2( ) :
    print("Start Func.2")
    print("Func2 Thread Name :", th.currentThread( ).name)
    print("Func2 Process ID :", os.getpid( ))
    print("End Func.2")
```

```
def main( ):
    print("Main Thread Name :", th.currentThread( ).name)
    print("Main Process ID :", os.getpid( ))

    t1 = th.Thread(target=Func1, name='t1')
    t2 = th.Thread(target=Func2, name='t2')
    t1.start( )
    t2.start( )
    t1.join( )
    t2.join( )
    print("Both functions have completed.")

if __name__ == "__main__":
    main( )
```

실행 결과

```
Main Thread Name : MainThread
Main Process ID : 252
Start Func.1
Func1 Thread Name : t1
Func1 Process ID : 252
End Func.1
Start Func.2
Func2 Thread Name : t2
Func2 Process ID : 252
End Func.2
Both functions have completed.
```

② **thread 2개를 사용했더니 프로그램의 수행 속도가 느려지는 이유 :** 파이썬에서 제공하는 GIL(Global Interpreter Lock) 기능 때문에 속도가 느려질 수 있다. 이런 경우에는 Thread 대신 Process를 만들어 주는 multiprocessing 라이브러리를 사용하여 문제를 해결할 수 있다.

> **tip**   **GIL(Global Interpreter Lock) :** 인터프리터에 Lock을 거는 방식으로 다중 코어를 병행하여(동시 실행) 사용하지 못하도록 하는 기능이다.

GUI 프로그래밍

🔍 학습 목표 1. 파이썬 언어를 통해 사용자와 인터렉션할 수 있는 GUI 프로그램을 제작할 수 있다.

2. Tkinter 모듈에서 제공하는 위젯들을 이용하여 사용자와 인터페이스할 수 있는 프로그램을 작성할 수 있다.

2-1   Tkinter 라이브러리

파이썬으로 GUI(Graphical User Interface)를 제작할 때 사용되는 대표적인 라이브러리는 tkinter, PyQt5, pysimplegui 등이 있는데 파이썬을 설치하면 기본적으로 설치되어 있는 내장 라이브러리인 Tkinter를 사용하여 GUI를 개발하는 방법을 학습할 것이다.

(1) Tkinter 소개

① Tkinter 모듈은 파이썬을 설치할 때 기본적으로 함께 설치되는 파이썬 GUI 제공 모듈이다. 모듈 내의 'Tk( )' 함수로 'Tk' 클래스 객체를 생성하고 위젯(Widget)을 이용하여 GUI 프로그램을 제작한다.

② **위젯(Widget) 클래스** : 위젯은 컴퓨터와 사용자 간 상호작용을 할 수 있는 인터페이스 요소를 의미한다. 제공되는 위젯들은 레이블(Label), 엔트리(Entry), 버튼(Button), 캔버스(Canvas), 스크롤바(Scrollbar), 이미지 등이 있으며 이 위젯을 통해 GUI를 만들게 된다.

(2) 위젯(Widget) 클래스의 종류

위젯 이름	의미
Label	• 텍스트나 이미지를 출력
Entry	텍스트 입력 필드, 텍스트 필드 또는 텍스트 박스라고도 함

Button	명령을 실행하기 위해 사용되는 일반 버튼
Canvas	그래프 및 도안 작성, 그래프 에디터 생성, 사용자 정의 위젯을 구현하는 데 사용되는 구조화된 그래프
Photoimage	이미지 파일을 입력받아 파일의 내용을 이미지 객체의 값으로 할당함
Scrollbar	위젯에 스크롤을 하기 위한 스크롤바를 생성함
Frame	다른 위젯들을 포함하기 위해 프레임을 생성할 수 있음 위젯으로 다른 위젯을 그룹화할 수 있음
Check Button	체크 박스 버튼(여러 개 대안 중에 여러 개 선택)
Radio Button	라디오 버튼(여러 개 대안 중에 하나만 선택)
Menu	메뉴바를 생성함
Menu Button	메뉴 버튼
Text	문자열을 보여주고 입력할 수 있음
Message	텍스트를 출력 텍스트의 길이에 따라 창의 폭 등이 자동적으로 정해짐
Scale	스케일 바를 만듦
Listbox	리스트 상자를 만듦

(3) Tkinter를 이용한 프로그래밍 기본 순서

[순서 1] tkinter 모듈을 다음과 같이 import

[순서 2] Tk 클래스 객체(root)를 생성

[순서 3] mainloop( ) 메서드를 호출

```
1    from tkinter import *
2    root = Tk()
3    root.mainloop()
```

mainloop( )	이벤트 메시지 루프로서 키보드나 마우스 또는 화면 Redraw와 같은 다양한 이벤트로부터 입력되는 메시지를 받고 전달하는 역할을 담당

(4) 위젯들의 기본 함수들

메서드	의미
title( )	Tk의 함수. GUI 윈도우의 제목을 생성
mainloop( )	Tk의 함수. 사용자와 계속 상호 작용을 할 수 있게 입력을 대기함
geometry( )	Tk의 함수. 윈도우의 크기와 위치를 정함, 너비×높이×모니터에서 왼쪽 상단에서부터 (x 좌푯값×y 좌푯값)
config( )	각 위젯의 함수. 프로그램 수행 중에 동적으로 특정 위젯의 속성 값을 변경하기 위한 함수
image( )	Label 위젯의 함수. Label 위젯 객체에 이미지 속성을 설정함
get( )	Entry 위젯의 함수. 사용자로부터 텍스트 한 줄 입력을 받음
insert( )	Entry 위젯의 함수. Entry의 텍스트 값으로 삽입
delete( )	Entry 위젯의 함수. Entry의 텍스트 값을 제거
bind( )	Canvas, Entry 위젯의 함수. 키 입력에 대해 작동할 함수를 연결해 줌
create_rectangle( )	Canvas 위젯의 함수. 사각형을 그림. 두 점의 좌푯값, 도형 채움 여부 값 등의 속성을 가짐
create_oval( )	Canvas 위젯의 함수. 두 점의 좌표(경계 사각형을 이루는 점), 채움 여부 값, 태그 값 등의 속성을 가짐
coords(태그값)	Canvas 위젯의 함수. 태그 값을 갖는 도형의 위치에 대한 좌푯값. 두 점의 좌표를 가짐
after(초)	Canvas 위젯의 함수. 특정 초가 지난 다음에 어떤 함수를 실행하도록 예약하는 함수
update( )	Canvas 위젯의 함수. 캔버스의 내용을 수정함
delete( )	Canvas 위젯의 함수. 캔버스에서 삭제함
move( )	Canvas 위젯의 함수. 캔버스 위에 정의된 객체를 이동함
focus_set( )	Canvas, Frame 등 해당 위젯에 대해 키 등 입력이 가능하도록 함

2-2 Tkinter 라이브러리를 사용한 GUI 제작

(1) 간단한 다이얼로그 제작하기(기본)

다음 예제 프로그램은 간단한 Window 생성 및 텍스트를 출력하는 방법을 소개하고 있다. 사용된 각 모듈과 함수의 특징은 다음과 같다.

① **Tk( ) 모듈 설명** : GUI 프로그램의 메인 윈도우를 생성하기 위하여 객체를 생성
② **title( ) 함수 사용** : 생성 윈도우의 팝업 창 제목을 설정
③ **geometry( ) 함수 사용** : 출력 윈도우의 크기를 설정(가로×세로)
④ **Label 위젯 사용 방법** : 텍스트나 이미지를 출력할 때 사용

- 레이블로 텍스트를 넣을 때 옵션을 지정하면 다양하게 표현할 수 있다. 그리고 레이블로 이미지를 넣는다면 'PIL' 라이브러리를 함께 사용해 주어야 한다.
  (Label 옵션) 'text' : 출력할 텍스트
  　　　　　'fg' : 폰트 색
  　　　　　'bg' : 백그라운드 색
  　　　　　'width' : 가로 크기
  　　　　　'height' : 세로 크기
  (PhotoImage 옵션) 'file' : 출력할 파일 경로 및 파일

텍스트 레이블 옵션 사용 예	이미지 레이블 옵션 사용 예
| ```python
import tkinter as tk

root = tk.Tk( )
widget = tk.Label(
        root,
        text="Label 테스트입니다.",
        fg="white",
        bg="#34A2FE",
        width=30,
        height=5
)
widget.pack( )
root.mainloop( )
``` | ```python
import tkinter as tk
from PIL import ImageTk

root = tk.Tk( )
img = ImageTk.PhotoImage(file='../car.jpg')
widget = tk.Label(root, image=img)

widget.pack( )
root.mainloop( )
``` |

⑤ 'pack( )' 함수 사용 : 윈도우에 라벨의 배치 위치 설정

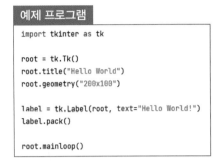

(2) 버튼 이벤트 처리하기

버튼은 기능을 추가하거나 이벤트를 발생시킬 때 사용된다. 다음 예제 프로그램은 버튼을 눌렀을 때 텍스트를 출력하는 기능을 수행하는 예제이다.

① Button 위젯 : 클릭할 수 있는 버튼을 생성
  ● 버튼을 넣을 때 옵션을 지정하여 다양하게 표현할 수 있다.
    (Button 옵션) text : 버튼 내부에 출력할 텍스트

            bg : 백그라운드 색

            fg : 폰트 색

            width : 가로 크기

            height : 세로 크기

            command : 버튼을 클릭했을 때 실행될 함수를 지정

② btn_click( ) 함수 : 버튼을 클릭할 때마다 실행되는 사용자 정의 함수

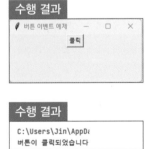

(3) Text 창 출력 및 글자 입력 방법

다음 예제는 Text 창을 띄운 후 사용자가 직접 현 상태에서 입력 및 수정이 가능하도록 텍스트 박스를 만드는 예제이다.

기본 Text 위젯은 스크롤바가 없으며 만약 스크롤바가 있는 텍스트 박스를 넣고 싶다면 Text 함수 대신 'ScrolledText' 함수를 사용하면 된다. 'ScrolledText' 함수는 해당 모듈을 불러와서('from tkinter.scrolledtext import ScrolledText') 사용해야 하는 게 불편할 수 있으며 세로 스크롤만 지원된다. 그 외의 사용법은 Text 함수와 거의 동일하기 때문에 유용하게 사용될 수 있다.

실행 프로그램	출력 결과
| ```python
import tkinter as tk
from tkinter.scrolledtext import ScrolledText

root = tk.Tk( )

# Text 테스트
twg1 = tk.Text(root, width=50, height=10)
twg1.pack( )

# ScrolledText 테스트
twg2 = ScrolledText(root, width=50, height=10)
twg2.pack( )

root.mainloop( )
``` | 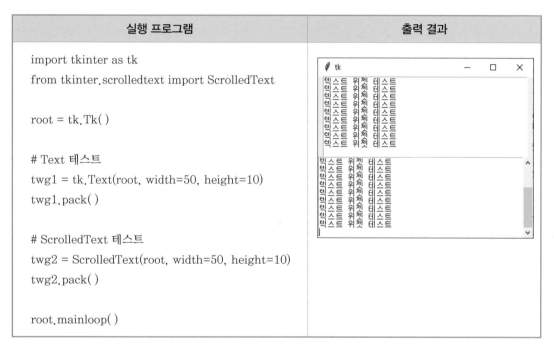 |
```

텍스트를 삽입할 때 'insert( )' 함수를 사용하여 출력할 텍스트의 위치를 지정할 수 있다. 'insert( )' 함수의 첫 번째 인자는 시작 지점의 커서 위치이며 두 번째 인자는 출력할 텍스트이다.

다음 예제는 커서의 위치를 '1.0' 또는 'end'로 지정하여 출력하는 예제이다.

실행 프로그램	출력 결과

``
import tkinter as tk
 	
root = tk.Tk( )
 	
# 1.0 : 맨 앞 	
twg1 = tk.Text(root, width=50, height=10)
twg1.insert(1.0, "첫 번째 문장입니다.\n")
twg1.insert(1.0, "두 번째 문장입니다.\n")
twg1.insert(1.0, "세 번째 문장입니다.\n")
twg1.pack( )
 	
# "end" : 맨 뒤 	
twg2 = tk.Text(root, width=50, height=10)
twg2.insert("end", "첫 번째 문장입니다.\n")
twg2.insert("end", "두 번째 문장입니다.\n")
twg2.insert("end", "세 번째 문장입니다.\n")
twg2.pack( )
 	
# x.y : x번째 줄 y번째 글자 	
twg3 = tk.Text(root, width=50, height=10)
twg3.insert("end", "----------\n")
twg3.insert("end", "----------\n")
twg3.insert("end", "----------\n")
twg3.insert(2.7, "O")
twg3.pack( )
 	
root.mainloop( )
``	

텍스트를 작성한 후, 전체 또는 특정 위치의 텍스트를 삭제하고 싶다면 'delete( )' 함수를 사용하면 된다.

'delete( )' 함수의 첫 번째 인자는 커서의 시작 위치이며, 두 번째 인자는 지우고 싶은 텍스트의 마지막 위치를 의미한다. 만약, 전체를 지우고 싶다면 'delete(1.0, "end") 라고 작성하면 된다. 다음은 직접 텍스트를 작성한 후, 버튼을 눌렀을 때 전체를 삭제할 수 있는 예제이다.

실행 프로그램	출력 결과
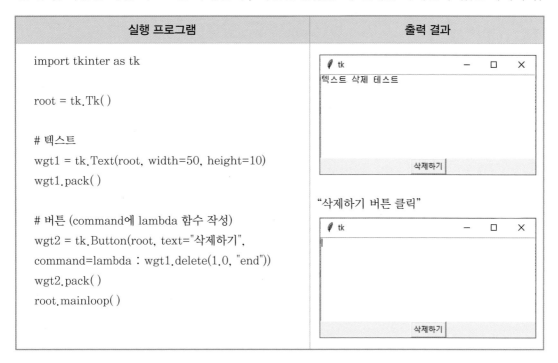	

(4) 글자 입력 받기

다음 예제는 텍스트 입력 박스에 글자를 입력한 후 버튼을 눌렀을 때 입력한 글자가 출력될 수 있도록 하는 방법을 소개하고 있다.

① **Entry 위젯** : Edit 박스를 생성하며 사용자로부터 문자를 입력을 받을 수 있다.

② **'get( )' 함수 설명** : 입력된 값을 가져올 수 있는 함수

③ **'btn_click( )' 함수 설명** : 버튼 클릭 시, 입력 상자에 입력된 값을 출력

(5) Listbox 위젯 사용하기

Listbox 위젯의 사용은 Text 위젯 사용 방법과 유사하다.

다음 예제 코드에서 'insert( )' 함수의 첫 번째 인자에 '0' 인덱스를 사용한 이유는 파이썬에서 리스트의 첫 번째 인덱스의 넘버는 '0'이기 때문에 '0'번째부터 시작하기 위하여 작성되었다. 즉, 원하는 위치를 정수로 작성하면 리스트 내 해당 위치에 요소를 삽입할 수 있다. 만약, 맨 마지막에 넣고 싶다면 'end'로 작성하면 된다.

실행 프로그램	출력 결과
```python import tkinter as tk root = tk.Tk( ) wg = tk.Listbox(root, width=50, height=10) for i in range(1, 6): wg.insert(0, f'{i}번 출력') wg.pack( ) root.mainloop( ) ```	

Listbox 위젯은 Text 위젯처럼 스크롤바를 기본으로 설정할 수 없기 때문에 스크롤바 위젯을 별도로 만들고 기능을 상호 연결해 주어야 한다.

다음 예제는 리스트 박스에 스크롤바를 연결하여 출력하는 방법에 대한 예시이다. 본 예제에서는 리스트 박스 위젯을 통해 출력될 텍스트를 왼쪽에 정렬시키기 위하여 'pack( )' 함수의 'side' 인자에 'left' 값을 배정하고 'fill' 인자에 'y'의 값을 배정하였다. 그리고 스크롤바의 위치를 정하기 위하여 'pack( )' 함수의 'side' 인자에 'right' 값을 배정하고 'fill' 인자에 'y'의 값을 배정하였다.

실행 프로그램	출력 결과
| ```
import tkinter as tk

root = tk.Tk( )

# 위젯 생성
wg = tk.Listbox(root, width=50)
for i in range(100):
    wg.insert("end", i)
scrollbar = tk.Scrollbar(root)

# 기능 상호 연결
wg.config(yscrollcommand=scrollbar.set)
scrollbar.config(command=wg.yview)

# 배치
wg.pack(side="left", fill="y")
scrollbar.pack(side="right", fill="y")

root.mainloop( )
``` | |

(6) Canvas 위젯 사용하기

Canvas 위젯은 선, 타원, 다각형 및 직사각형과 같은 도형을 그리는 데 사용된다.

다음 예제 코드는 마우스 클릭 이벤트를 통해 Canvas 위젯 위에서 글씨를 쓸 수 있도록 만든 예시 프로그램이다.

① Canvas 위젯 : 그림을 그릴 수 있는 캔버스를 생성
② bind( ) 함수 : 마우스 이벤트를 캔버스와 연결
  ● 〈B1-Motion〉: 마우스의 왼쪽 버튼을 누른 상태로 움직일 때 발생하는 이벤트명
③ draw( ) 함수 : 마우스 포인터가 움직일 때마다 그리는 작업을 수행
```

예제 프로그램	수행 결과
| ```python
import tkinter as tk

def draw(event):
    x, y = event.x, event.y
    canvas.create_oval(x-5, y-5, x+5, y+5, fill="black")

root = tk.Tk()
root.title("Canvas Example")

canvas = tk.Canvas(root, width=500, height=500)
canvas.pack()

canvas.bind("<B1-Motion>", draw)

root.mainloop()
``` |  |

(7) 메시지 박스 출력하기

프로그램을 개발하다 보면 사용자에게 알림 창 또는 팝업 창을 띄워 정보를 제공하고 싶을 때가 있다. tkinter 모듈에서는 'messagebox' 객체를 통해 메시지 박스를 띄울 수 있는 기능을 가지고 있다. 다음 예제 코드는 'messagebox.showinfo( )' 함수를 활용하여 '테스트' 버튼 클릭 시 빈 알림 메시지 박스를 띄우는 방법을 소개하고 있다.

'messagebox.showinfo( )' 함수의 괄호 안에 title="제목", message="내용"을 넣어 메시지 창을 꾸밀 수 있다.

실행 프로그램	출력 결과
| ```python
import tkinter as tk
from tkinter import messagebox

root = tk.Tk( )

widget = tk.Button(root, text="테스트",
command=lambda : messagebox.showinfo( ))
widget.pack( )

root.mainloop( )
``` | |

메시지 박스 출력 옵션에는 확인/취소, 예/아니오를 구분할 수 있는 내용이 존재하며 사용자로 부터 반환받는 return 값들도 'True' 또는 'False', 'None'으로 구분된다. 다음 예제 코드는 'message' 옵션을 통해 다양한 기능의 메시지 정보를 확인할 수 있다.

실행 프로그램

```
import tkinter as tk
from tkinter import messagebox

root = tk.Tk( )

messagebox.askokcancel(message="askokcancel( )")
messagebox.askquestion(message="askquestion( )")
messagebox.askretrycancel(message="askretrycancel( )")
messagebox.askyesno(message="askyesno( )")
messagebox.askyesnocancel(message="askyesnocancel( )")
messagebox.showerror(message="showerror( )")
messagebox.showinfo(message="showinfo( )")
messagebox.showwarning(message="showwarning( )")

root.mainloop( )
```

실행 결과

2-3   Tkinter를 사용한 실습 예제

(1) 체크박스 및 라디오 버튼을 이용한 윈도우 제작하기

① **StringVar( ) 함수 설명 :** Radio 버튼을 생성할 때 사용되며 반환 값을 담는 'Radio' 변수는 라디오 버튼의 상태(클릭 여부)를 반환받는다.

② **Radiobutton( ) 함수 설명 :** 라디오 버튼을 생성할 때 사용되며 'text' 인자는 라디오 버튼에 표시될 텍스트이다. 'variable' 인자는 선택된 값을 저장할 변수를 지정한다.

③ **BooleanVar( ) 함수 설명 :** 다음 코드에서 보는 것처럼 CheckBox1, 2, 3을 생성하여 반환 변수들은 체크박스의 선택된 값을 반환받아 저장한다.

실행 프로그램

```python
import tkinter as tk

# 선택된 값을 출력하는 함수
def show_selection( ):
    selected_Radio = Radio.get( )              # 라디오 버튼에서 선택된 값을 가져옴
    selected_CheckBox = [ ]                     # 선택된 취미를 저장할 리스트

    if CheckBox1.get( ):                        # 체크박스 1이 선택된 경우
    selected_CheckBox.append("Bird")           # 리스트에 "Bird" 추가

    if CheckBox2.get( ):                        # 체크박스 2가 선택된 경우
    selected_CheckBox.append("Dog")            # 리스트에 "Dog" 추가

    if CheckBox3.get( ):                        # 체크박스 3이 선택된 경우
    selected_CheckBox.append("Cat")            # 리스트에 "Cat" 추가

    print(f"Selected Radio: {selected_Radio}")  # 선택된 라디오 버튼을 출력

    # 선택된 체크박스를 출력
    print(f"Selected CheckBox: {', '.join(selected_CheckBox)}")

root = tk.Tk( )  # 루트 윈도우 생성
root.title("Checkbox and Radiobutton Example")  # 윈도우 제목 설정

# 라디오 버튼에서 선택된 값을 저장할 변수
```

```
Radio = tk.StringVar( )

# "Ground" 라디오 버튼 생성
Ground_rb = tk.Radiobutton(root, text="Ground", variable=Radio, value="Ground")

# "sky" 라디오 버튼 생성
sky_rb = tk.Radiobutton(root, text="sky", variable=Radio, value="sky")

CheckBox1 = tk.BooleanVar( )  # 체크박스 1에서 선택된 값을 저장할 변수
CheckBox2 = tk.BooleanVar( )  # 체크박스 2에서 선택된 값을 저장할 변수
CheckBox3 = tk.BooleanVar( )  # 체크박스 3에서 선택된 값을 저장할 변수
Bird_cb = tk.Checkbutton(root, text="Bird", variable=CheckBox1)  # "Bird" 체크박스 생성
Dog_cb = tk.Checkbutton(root, text="Dog", variable=CheckBox2)  # "Dog" 체크박스 생성
Cat_cb = tk.Checkbutton(root, text="Cat", variable=CheckBox3)    # "Cat" 체크박스 생성

# "Show Selection" 버튼 생성
btn = tk.Button(root, text="Show Selection", command=show_selection)

# 생성한 위젯들을 윈도우에 추가
Ground_rb.pack( )
sky_rb.pack( )
Bird_cb.pack( )
Dog_cb.pack( )
Cat_cb.pack( )
btn.pack( )
root.mainloop( )  # 이벤트 루프 시작
```

실행 결과

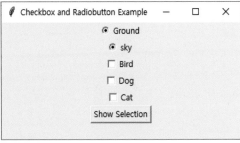

Selected Radio:
Selected CheckBox: Bird, Dog, Cat

(2) 파일 및 폴더 선택 GUI 제작하기

① 레이아웃

- 상단 : 'LabelFrame'으로 구성 / 하단 : 'Frame'으로 구성
- 상단 내 : 'grid'로 레이아웃을 구성한다.
- 상단 'LabelFrame'과 내부 'grid'는 창 크기에 따라 조정되도록 설정한다.

② 기능

- 각 버튼을 통해 시스템 내부 폴더 또는 파일 선택이 가능하다.
- 버튼을 통해 선택된 폴더 또는 파일 이름이 'Listbox' 안에 삽입한다.
- 여러 폴더를 선택하는 'Listbox'의 경우, 오른쪽에 스크롤바를 추가하여 연결한다.
- 에러가 발생할 경우 또는 초기화 버튼을 클릭할 경우 'messagebox' 기능을 통해 알림을 띄운다.

실행 프로그램

```python
import tkinter as tk
from tkinter.filedialog import askdirectory, askopenfilename, askopenfilenames
from tkinter import messagebox

root = tk.Tk( )
root.title('파일 또는 폴더 선택 GUI Tool')
root.minsize(500, 400)  # 최소 사이즈

'''기능 추가'''
# 1번 기능 : 디렉터리 선택
def select_directory( ):
    try:
        folder_name = askdirectory(initialdir="./")
        if folder_name:
            listbox1.delete(0, "end")
            listbox1.insert(0, folder_name)
    except:
        messagebox.showerror("Error", "오류 발생")

# 2번 기능 : 1개 파일 선택
def select_file( ):
    try:
```

```python
        file_name = askopenfilename(initialdir="./", filetypes=(("Excel files", ".xlsx .xls"),
('All files', '*.*')))
        if file_name:
            listbox2.delete(0, "end")
            listbox2.insert(0, file_name)
    except:
        messagebox.showerror("Error", "오류 발생")


# 3번 기능 : 여러 개의 파일 선택
def select_files( ):
    try:
        file_names = askopenfilenames(initialdir="./", filetypes=(("Excel files", ".xlsx .xls"),
('All files', '*.*')))
        if file_names:
            for file_name in file_names:
                listbox3.insert(0, file_name)
    except:
        messagebox.showerror("Error", "오류 발생")
        listbox3.delete(0, "end")


# 4번 기능 : 초기화
def refresh( ):
    try:
        reply = messagebox.askyesno("초기화", "초기화 하시겠습니까?")
        if reply:
            listbox1.delete(0, "end")
            listbox2.delete(0, "end")
            listbox3.delete(0, "end")
            messagebox.showinfo("Success", "초기화 되었습니다.")
    except:
        messagebox.showerror("Error", "오류 발생")


'''1. 프레임 생성'''
# 상단 프레임 (LabelFrame)
frm1 = tk.LabelFrame(root, text="준비", pady=15, padx=15)  # pad 내부
frm1.grid(row=0, column=0, pady=10, padx=10, sticky="nswe") # pad 내부
root.columnconfigure(0, weight=1)   # 프레임 (0,0)은 크기에 맞춰 늘어나도록
root.rowconfigure(0, weight=1)
```

```python
# 하단 프레임 (Frame)
frm2 = tk.Frame(root, pady=10)
frm2.grid(row=1, column=0, pady=10)


'''2. 요소 생성'''
# 레이블
lbl1 = tk.Label(frm1, text='폴더 선택')
lbl2 = tk.Label(frm1, text='단일 파일 선택')
lbl3 = tk.Label(frm1, text='여러 개의 파일 선택')


# 리스트 박스
listbox1 = tk.Listbox(frm1, width=40, height=1)
listbox2 = tk.Listbox(frm1, width=40, height=1)
listbox3 = tk.Listbox(frm1, width=40)


# 버튼
btn1 = tk.Button(frm1, text="찾아보기", width=8, command=select_directory)
btn2 = tk.Button(frm1, text="찾아보기", width=8, command=select_file)
btn3 = tk.Button(frm1, text="추가하기", width=8, command=select_files)
btn0 = tk.Button(frm2, text="초기화", width=70, command=refresh)
# 스크롤바 - 기능 연결
scrollbar = tk.Scrollbar(frm1)
scrollbar.config(command=listbox3.yview)
listbox3.config(yscrollcommand=scrollbar.set)


'''3. 요소 배치'''
# 상단 프레임
lbl1.grid(row=0, column=0, sticky="e")
lbl2.grid(row=1, column=0, sticky="e", pady= 20)
lbl3.grid(row=2, column=0, sticky="n")
listbox1.grid(row=0, column=1, columnspan=2, sticky="we")
listbox2.grid(row=1, column=1, columnspan=2, sticky="we")
listbox3.grid(row=2, column=1, rowspan=2, sticky="wens")
scrollbar.grid(row=2, column=2, rowspan=2, sticky="wens")
btn1.grid(row=0, column=3, padx= 10)
btn2.grid(row=1, column=3, padx= 10)
btn3.grid(row=2, column=3, padx= 10, sticky="n")
```

```
# 상단 프레임 grid (2,1)은 창 크기에 맞춰 늘어나도록
frm1.rowconfigure(2, weight=1)
frm1.columnconfigure(1, weight=1)
# 하단 프레임
btn0.pack( )


'''실행'''
root.mainloop( )
```

<table>
<tr><td align="center">**실행 결과**</td></tr>
</table>

(3) 로또 번호 생성기

<table>
<tr><td align="center">**실행 프로그램**</td></tr>
</table>

```
import tkinter as tk
import random

class LottoGenerator:
    def __init__(self, master):
        self.master = master
        self.master.title("로또 번호 생성기")

        # 로또 번호 6개와 "+" 번호가 출력될 라벨 위젯 생성
        self.result_label = tk.Label(self.master, text="", font=("Helvetica", 20))
        self.result_label.pack(pady=10)
```

```python
        # "생성" 버튼 위젯 생성
        self.generate_button = tk.Button(self.master, text="생성", \
        command=self.generate_lotto_numbers, font=("Helvetica", 20))
        self.generate_button.pack(pady=10)
        # "생성" 버튼의 크기를 키워주기 위해 버튼 위젯의 width와 height 값을 설정
        self.generate_button.config(width=10, height=3)

    def generate_lotto_numbers(self):
        # 1부터 45까지의 숫자 중에서 6개를 랜덤하게 추출
        numbers = random.sample(range(1, 46), 6)
        # 보너스 번호를 1부터 45까지의 숫자 중에서 랜덤하게 1개 선택하여 변수에 저장
        plus_number = random.choice(range(1, 46))

    # 로또 번호가 출력될 문자열 생성
        numbers_str = ""
        for number in numbers:
            numbers_str += "[{:02d}]   ".format(number)
        numbers_str += "+ [{:02d}]".format(plus_number)

    # 로또 번호가 출력될 라벨 위젯에 번호 출력
        self.result_label.config(text=numbers_str)

if __name__ == "__main__":
    # 윈도우 창 생성 및 LottoGenerator 클래스 호출
    root = tk.Tk()
    app = LottoGenerator(root)
    root.mainloop()
```

실행 결과

(생성 버튼을 누름)

제 **3** 장 · 예제로 배우는 라이브러리 및 패키지 사용

🔍 학습 목표　1. 웹 크롤링을 활용하여 사진을 크롤링할 수 있으면 다양한 API를 사용하여 프로그램을 제작할 수 있다.

2. API가 무엇인지 이해할 수 있으며, API를 이용하여 프로그램을 개발할 수 있다.

3-1 　웹 크롤링으로 고양이 사진 크롤링하기

1 　웹 크롤링의 이해

(1) 웹 크롤링(Web Crawling)

① 웹 크롤링은 인터넷 상에 존재하는 웹 페이지들을 방문하고, 그 내용들을 자동으로 수집하는 것을 의미한다. 웹 크롤러(Web Crawler)라고 불리는 봇(Bot)이 웹 페이지를 방문하고, 웹 페이지 간의 링크를 따라 다른 페이지로 이동하면서 연속적으로 정보를 수집하게 된다.

② 웹 크롤링은 웹 스크래핑(Web Scraping)과 비슷하지만, 웹 스크래핑이 특정 웹 페이지의 특정 데이터를 추출하는 것에 반해, 웹 크롤링은 웹 페이지 전체를 방문하여 데이터를 수집한다.

(2) 웹 크롤링의 활용 분야

① **검색 엔진 인덱싱** : 검색 엔진들은 웹 크롤링을 사용하여 인터넷 상의 웹 페이지들을 수집하고, 이들 페이지를 인덱싱하여 검색 결과로 제공한다. 이 과정에서 웹 크롤러는 웹페이지의 내용, 메타 데이터, 링크 등 다양한 정보를 분석하고 처리한다.

② **데이터 분석 및 시각화** : 웹 크롤링을 통해 수집한 데이터는 다양한 분석 및 시각화 작업에 활용된다. 예를 들어, 시장 조사, 경쟁사 분석 가격 비교 등의 목적으로 웹 사이트에서 정보를 수집하고 이를 분석하여 비즈니스에 활용할 수 있는 정보를 얻을 수 있다.

③ **뉴스 및 글로벌 이벤트 모니터링** : 웹 크롤링을 사용하여 전 세계의 뉴스, 블로그, 포럼 등에서 정보를 수집하고, 이를 분석하여 글로벌 이벤트나 이슈를 실시간으로 모니터링할 수 있다. 이를 통해 여론 분석, 여론 조사 등의 활동을 수행할 수 있다.

④ **소셜 미디어 분석** : 웹 크롤링을 활용하여 소셜 미디어 플랫폼에서 사용자들의 의견, 반응, 행동 패턴 등을 수집하고 분석할 수 있다. 이를 통해 소비자 행동 분석, 마케팅 전략 개발 등 다양한 목적으로 활용된다.

2 활용 라이브러리 소개 및 설치하기

(1) Requests

Requests 라이브러리는 HTTP 요청을 쉽게 처리할 수 있도록 만들어진 라이브러리이다. 웹 사이트의 내용을 가져오거나 API를 호출하는 작업에 사용된다.

(2) BeautifulSoup

웹 페이지의 HTML 구조를 분석하고 데이터를 쉽게 추출하도록 만들어진 라이브러리가 BeautifulSoup이다. 그리고 본 라이브러리를 이용하여 웹 페이지의 구조를 분석하여 데이터를 쉽게 추출할 수 있도록 도와주는 역할을 한다.

(3) 'pip'를 활용한 라이브러리 설치

① 'pip' : 파이썬으로 작성된 패키지 소프트웨어를 설치 관리하는 패키지 관리 시스템이다.

② 'pip'를 사용하기 위해서는 Window용 'pip'를 설치해야 하는데 다음 과정을 통해 설치하면 된다. (만약, 시스템에 설치되어 있으면 설치하지 않아도 된다. 그리고 파이참에 있는 'pip'를 이용하지 않을 경우 본 방법을 수행한다.)

[단계 1] 인터넷 브라우저를 열고 (https://bootstrap.pypa.io/get-pip.py) 주소창에 검색한다.

그림 Ⅴ-2   PIP 설치 주소

[단계 2] 링크에 접속하게 되면 파이썬 코드가 담긴 페이지로 접속할 수 있다.

[단계 3] 해당 링크의 내용을 모두 복사한다. 링크의 아무 곳을 클릭한 후 "⌨Ctrl + ⌨a"로 전체
선택 후 복사한다.

그림 Ⅴ-3   .py 파일 생성 메뉴

[단계 4] Pycharm 으로 돌아와 새 Python 파일을 생성하고 해당 내용을 붙여넣는다.

그림 Ⅴ-4 pip 설치 방법

[단계 5] 붙여넣기한 'pip.py'를 스크롤을 이용하여 프로그램의 최하단으로 이동한다. 이동 후에는 위 그림에서 보는 것과 같이 녹색 세모 버튼(실행 버튼)을 눌러 pip를 설치한다.

(4) pip를 사용하여 라이브러리 설치하기

그림 Ⅴ-5   라이브러리 설치 방법

[단계 1]   파이참 하단의 Terminal 기능을 사용하여 두 개의 라이브러리를 설치한다.

[단계 2]   'pip install requests' 입력 후 엔터를 눌러 설치하고 두 번째 라이브러리 'pip install beautifulsoup4' 도 같은 방법으로 설치한다.

(5) Pycharm 기본 기능을 사용하여 라이브러리 설치하기

① pip를 설치하지 않아도 Pycharm이 설치되어 있다면 라이브러리 설치 기능을 사용하여 다운받을 수 있다. ('제2부 2장 파이참 설치 및 사용 방법' 참조)

② 'requests' 및 'beautifulsoup4'를 그림 Ⅴ-6의 검색창에 검색하여 설치한다.

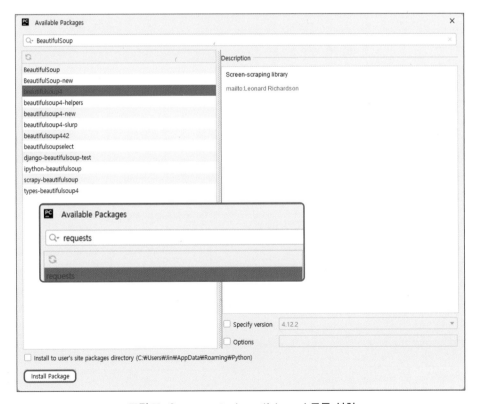

그림 Ⅴ-6   requests, beautifulsoup4 모듈 설치

3 크롤링 활용하기

(1) 크롤링 작업 순서

[단계 1] 크롤링은 검색어로 Google 이미지 검색 URL을 생성한다.

[단계 2] 'requests'를 사용하여 해당 URL의 웹 페이지 내용을 가져온다.

[단계 3] 'beautifulsoup'를 사용하여 HTML을 분석한다.

[단계 4] 이미지 URL을 추출하고 이미지 URL에서 이미지를 다운로드하여 지정된 폴더에 저장한다.

4 크롤링 코드 분석

(1) 외부 라이브러리 import

크롤링을 시작하기 위해서 'requests' 패키지와 'bs4'의 'BeautifulSoup'와 크롤링한 사진을 저장하기 위해 Python 기본 라이브러리인 os를 import한다.

```
import requests
from bs4 import BeautifulSoup
import os
```

(2) 크롤링을 위한 메서드 생성

크롤링을 하기 위해 다음 3가지 메서드를 생성하여 사용할 것이다.

① Google에서 이미지를 검색하기 위한 URL을 생성하는 메서드

② 이미지에서 URL을 추출하기 위한 메서드

③ 추출한 이미지를 저장하는 메서드

(3) get_image_search_url() 메서드

① 다음 코드에서 보는 것과 같이, 'get_image_search_url()' 메서드는 검색어(query)를 매개변수로 입력받아 Google 이미지 검색에 사용되는 URL을 생성한다. 그리고 몇 개의 이미지를 저장할지(num_result=20)를 매개변수로 받는다.

② 'query.replace(' ', '+')'처럼 검색어에 공백이 있는 경우 '+'로 대체한다. 이는 URL의 약속된 형식에 맞추기 위함이다. 'num_results' 변수를 'str'로 타입 캐스팅한 이유는 URL 주소는 전체를 문자열로 구성해야 하기 때문에 정수형 변수인 'num_results'를 문자열로 변경하였다.

```python
# 검색어 설정
query = "Elon Musk"

# Google 이미지 검색 URL 가져오기
url = get_image_search_url(query)
```

```python
# Google 이미지 검색 URL 생성
def get_image_search_url(query, num_results=20):
    # 검색어에 공백이 있는 경우, '+'로 대체합니다.
    query = query.replace(' ', '+')
    # 검색어를 사용하여 Google 이미지 검색 URL을 생성합니다.
    url = "https://www.google.com/search?q=" +query+ "&tbm=isch&num=" + str(num_results)
    return url
```

(4) 'requests'를 이용한 페이지 내용 가져오기

① 'requests' 라이브러리의 'get()' 함수를 사용하여 해당 'url'이 유효한지 검사한다. 'requests.get(url)'은 매개변수가 유효한 값인지 '⟨Response [200]⟩'를 리턴하게 되며,'response'에 해당 내용을 저장한다.

② 'requests' 라이브러리의 'text()' 함수를 사용하여 해당 URL의 내용을 가져와 'content'에 저장한다.

③ 가져온 웹 페이지의 HTML(content) 내용을 분석하기 위해 BeautifulSoup 객체를 생성한다. 그리고 분석을 위해 BeautifulSoup 라이브러리의 "html.parser"를 사용한다.

```python
# 페이지 내용 가져오기
response = requests.get(url)
content = requests.text

# BeautifulSoup 객체 생성
soup = BeautifulSoup(content, "html.parser")
```

(5) extract_image_urls() 메서드의 의미

① 다음 코드에서 보는 것과 같이, 'extract_image_urls()' 메서드를 사용하기 위해 BeautifulSoup를 객체화하고, 'soup' 변수에서 이미지 URL을 추출하여 'image_urls'에 저장한다. 'find_all()' 함수는 'soup'에서 모든 '⟨img⟩' 태그를 찾아 이미지 요소 목록을 불러온다. 'for image_elemets in image_elemets :' 는 웹 페이지에서 추출한 '⟨img⟩' 태그들의 목록의 첫 번째 요소부터 마지막 요소까지 차례대로 방문한다.

② 'image_element.get("src")'를 사용하여 속성 값을 가져오는 경우, 'src' 값이 'http' 로 시작하면 이미지 URL로 간주하고 'image_urls'에 추가하고 모든 요소에 방문이 끝나면 해당 리스트를 리턴하여 'image_urls'에 저장한다.

```python
# 이미지 URL 추출
def extract_image_urls(soup):
    # HTML 에서 <img> 태그를 찾아 이미지 요소를 가져옵니다.
    image_elements = soup.find_all("img")
    image_urls = []
    for image_element in image_elements:
        # 이미지 요소에서 src 속성 값을 가져옵니다.
        image_url = image_element.get("src")
        # src 값이 'http'로 시작하는 경우, 이미지 URL로 간주하고 목록에 추가합니다.
        if image_url.startswith("http"):
            image_urls.append(image_url)
    return image_urls
```

```python
# 이미지 URL 추출
image_urls = extract_image_urls(soup)
```

그림 Ⅴ-7 크롤링된 image_ulrs 목록

(6) save_image() 메서드의 의미

① 'save_image()' 메서드는 'extract_image_urls()'에서 리턴된 'image_urls'와 처음에 입력했던 'query'의 값인 "Cat"을 매개변수로 사용한다.

② 'os' 라이브러리를 이용해 경로(PATH)에 "검색명 + _folder"인 폴더가 존재하는지 확인하고 없다면 'mkdir()' 메서드를 이용하여 생성해 준다.

③ 'for i, image_url in enumerate(image_urls) :'은 매개변수로 전달받은 리스트를 '0'번부터 끝 번호까지 반복하여 인자로 넘겨주는 역할을 한다. for문이 반복되는 과정을 설명하면 'image_url'의 i 번째 URL이 유효한 주소인지 'requests.get()' 함수를 사용하여 요청이 성공할 경우(상태 코드 200) 리턴받고 이미지를 'Cat₩' 폴더에 'Cat_[i번].jpg'로 저장되게 된다.

```python
# 이미지 저장'
def save_images(image_urls, query):
    # 저장할 폴더가 없는 경우, 새 폴더를 생성합니다.
    if not os.path.exists(query + "_folder"):
        os.mkdir(query + "_folder")

    # 이미지 URL 목록을 반복하며 이미지를 다운로드합니다.
    for i, image_url in enumerate(image_urls):
        response = requests.get(image_url)
        # HTTP 요청이 성공한 경우 (상태 코드 200)
        if response.status_code == 200:
            # 이미지를 저장할 파일을 생성하고, 이미지 데이터를 작성합니다.
            with open(query+"_folder" + "/" + query + "_" + str(i) + ".jpg", "wb") as f:
                f.write(response.content)
```

```
# 이미지 저장
save_images(image_urls, query)
```

그림 Ⅴ-9 크롤링된 Cat_[i] 사진 목록

3-2   API를 사용하여 날씨 불러오기

1 API의 이해와 활용

(1) API

API 는 "Application Programming Interface"의 약자로 어플리케이션 프로그래밍 인터페이스를 의미한다. 즉, 어플리케이션이나 소프트웨어가 서로 상호작용하기 위한 인터페이스이다.

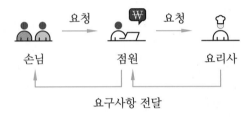

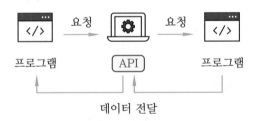

그림 Ⅴ-10   API의 이해

(출처 : https://blog.wishket.com/api란-쉽게-설명-그린클라이언트)

API는 프로그램을 제작할 때 개발자에게 도움을 주는 도구라고 생각하면 이해가 쉽다. 웹 서핑을 하다보면 페이스북으로 로그인 또는 구글로 로그인 기능을 볼 수 있는데 이는 페이스북 및 구글에서 제공하는 API로 사용자가 해당 사이트에 가입되어 있는지 확인할 수 있는 기능을 제공하며, 개발자는 이 기능을 활용하여 사용자에게 편의성을 제공할 수 있다.

(2) API의 동작 방식

① API는 요청(Request)과 응답(Response)의 형식으로 동작한다.

② 요청(Request)은 하나의 프로그램이 API를 통해 다른 프로그램에게 정보를 요청하거나 특정 기능을 실행하도록 하는 것을 말한다.

③ 응답(Response)은 API를 제공하는 프로그램으로 요청을 받고 이에 대한 응답을 요청한 프로그램에게 보내주는 것을 말한다.

2 날씨 정보 관련 API 사용하기

(1) API를 활용하여 날씨 정보 받아오기

[단계 1] 날씨 정보를 받기 위해선 날씨 API를 제공하는 사이트에 가입해야 한다.

https://openweathermap.org/ 에 접속하여 회원 가입

그림 Ⅴ-11 OpenWeather 사이트

[단계 2]   'Create an Account' 버튼을 눌러 계정을 생성한다.

그림 V-12   OpenWeather 회원 가입

[단계 3]   정보를 입력하고 'Create Account' 버튼을 클릭하여 계정 생성을 완료한다.

그림 V-13   OpenWeather 회원 가입

[단계 4]   입력한 메일 주소로 메일을 받으면 'Verify your email' 버튼을 클릭해 준다.

그림 V-14   OpenWeather 회원 가입 verify 메일

[단계 5]   다시 웹사이트로 돌아와 'My API Keys' 탭으로 들어간다.

그림 V-15   'My API Keys'탭 이동

[단계 6]　'API Keys' 탭으로 들어오면 'Key'라는 탭에 자신의 'API Key'가 생성되어 있다. 이를 이용하여 OpenWeather에서 제공하는 날씨 API를 사용할 수 있다.

① 'API Key'는 타인에게 알려주면 안 되는 값이다. 그 이유는 본인을 식별하는 정보이기 때문에 API를 사용한 유료 서비스 이용 시 타인이 키를 사용하게 되면 요금이 결제되기 때문에 개인 저장소에 보관해야 한다.

그림 V-16　API Key 저장

② API 키를 OpenWeather에서 생성한 이후에는 Key가 활성화되기까지 2시간 정도 소요된다.

③ Key가 활성화되기 전에 사용하게 되면 다음과 같은 Error가 발생하게 된다.

```
{
    "cod": 401,
    "message": "Invalid API key. Please see https://openweathermap.org/faq#error401 for more info."
}

Process finished with exit code 0
```

그림 V-17　OpenWeather API ERROR

API 오류

API 호출은 오류 401을 반환합니다.　　　　　　　　　　　　　　　　　　　　　　　　+

다음과 같은 경우 오류 401이 발생할 수 있습니다.

- API 요청에 API 키를 지정하지 않았습니다.
- API 키가 아직 활성화되지 않았습니다. 앞으로 몇 시간 내에 활성화되어 사용할 준비가 됩니다.
- API 요청에 잘못된 API 키를 사용하고 있습니다. 개인 계정 에서 올바른 API 키를 확인하십시오.
- 무료 구독을 사용 중이며 다른 구독에서 사용할 수 있는 데이터를 요청해 보십시오. 예를 들어 16일/일 예보 API, 과거 날씨 데이터, 날씨 지도 2.0 등). 개인 계정 에서 구독을 확인하십시오.

그림 V-18　OpenWeather API 401 ERROR 조치 방법

(2) 예제 코드 및 실행 결과

① API Key가 활성화된 후 코드를 실행시키면 아래와 같이 날씨 및 온·습도 데이터를 받아오는 작업을 할 수 있다.

② **위도 및 경도** : 불러온 날씨 정보에 있는 위도 및 경도를 지도로 표현해 주는 사이트를 이용하면 검색한 도시 이름의 지도가 검색되게 된다.

③ **온도 및 습도** : 온도 및 습도 데이터를 받을 수 있기 때문에 야외 활동 시에 날씨를 체크하는 어플을 개인 프로젝트로 만드는 것이 가능하다.

그림 Ⅴ-19 날씨 정보 불러오기

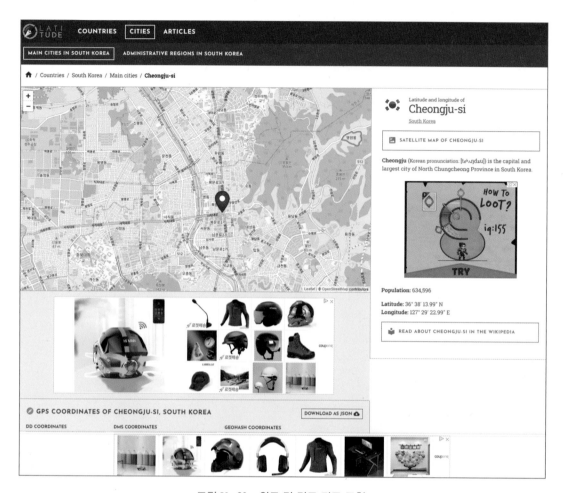

그림 V-20 위도 및 경도 지도 표현

참고 문헌 및 웹 사이트

참고 문헌

- 박상배, 변선준, 김상원, 임호 공저. 「파이썬으로 구현하는 AI 이해와 활용」. 일진사, 2022.

사진 및 자료 출처

- 7쪽 : https://dinfree.com/lang/
- 21쪽 : https://www.everdevel.com/Python/intro/
- 56쪽 : https://www.kipost.net/news/articleView.html?idxno=307092
- 57쪽, 141쪽, 215쪽 : https://velog.io/@yeonu/파이썬-세트
- 195쪽 : https://zeddios.tistory.com/90
- 196쪽 : https://learn.microsoft.com/ko-kr/dotnet/standard/linq/sample-xml-file-numerical-data
- 256쪽 : 〈그림 Ⅴ-10〉 API의 이해 / 출처 : https://blog.wishket.com/api란-쉽게-설명-그린클라이언트/

쉽게 배우는 AI 프로그래밍
파이썬 프로그래밍

2024년 1월 10일 인쇄
2024년 1월 15일 발행

저자 : 박상배 · 윤진원 · 변선준
펴낸이 : 이정일

펴낸곳 : 도서출판 **일진사**
www.iljinsa.com
04317 서울시 용산구 효창원로 64길 6
대표전화 : 704-1616, 팩스 : 715-3536
이메일 : webmaster@iljinsa.com
등록번호 : 제1979-000009호(1979.4.2)

값 20,000원

ISBN : 978-89-429-1913-0

* 이 책에 실린 글이나 사진은 문서에 의한 출판사의
동의 없이 무단 전재 · 복제를 금합니다.